＼誰でも再現できるコーデ集／

メンズファッションバイヤー

MBが教える ビジネスコーデ ベスト100

メンズ
ファッションバイヤー
MB

ポプラ社

本書について

スーツのおしゃれは再現性が高い

こんな話を耳にしたことがあります。

人気のある料理家の条件のひとつに「レシピの再現性が高い」ということがある、とのこと。初心者でも簡単に真似できて、失敗せず、それでいておいしいものがかなりの確率で完成する――。私の考える「おしゃれ」とまったく同じです。

これまで「カジュアル」（私服）について、おしゃれを「ロジック化」することで、「原則とルール」にもとづき、どんな男性でも簡単に「おしゃれに見せることができる」ということを証明してきました。

そして、今回は「スーツ」を中心としたビジネスコーデについてです。

間違いなくいえるのは、スーツのロジックはカジュアルのそれより「原則とルール」がより明確なので、「おしゃれの再現性」が高いということです。

だからこそ、この１冊を読んでもらえば、スーツ、ビジネスコーデの基本的なおしゃれのルールは理解できますし、実践してもらえば必ず見た目が変わり、職場の人からの反応も変わるはずです。

今回は、私の書籍にしては、めずらしく「写真メイン」です。

前述したように、スーツのルールは限られているので、説明や解説を最小限にして、ビジュアルで理解してもらおうと思ったからです。

そして、なんと、１００コーディネートのビジネススタイルを掲載しています。さらに、全カット撮り下ろし！　ＭＢ本人が着用しています。

しかも着用しているアイテムは親しみのあるブランドばかりで量販店で揃《そろ》うもの。高いお金をかけなくてもアイデアがなくてもセンスがなくても、この本があればとりあえずビジネスシーンは乗り切れるでしょう。そんなコンセプトでつくりました。ビジネスウェア・オールインワンの書籍といえます。

着用したアイテムは汎用性のあるものばかりです。中にはもう店頭には並んでいないものもあると思いますが、類似品、定番品は必ずあるはずです。別にまったく同じアイテムである必要はないので、コーディネートの参考として本書を活用してもらえればと思います（だから、あえて詳細なアイテム名や型番などは記していません）。

最初から順に読んでもらう必要はありません。気になるコーデから読んでもらい実践してもらえればと思います。だけど、全コーデは読んでもらいたいです。なぜなら、そうしてもらえれば、ビジネスコーデのルールを網羅できるからです。

ここで、この場を借りてお礼を。

スタッフ、関係者の皆さん、１００コーデの構成、撮影をお手伝いいただきありがとうございます。協力してくれたブランドの皆様ありがとうございます。そして、読者の皆様、本書を手にとってくださりありがとうございます。１００コーデのうち、ひとつでも多く参考にしてもらい、真似してもらい、ヒントにしてもらい、あなたの人生が変わることを願っています。

２０１９年３月　ＭＢ

MBが教えるスーツコーデ7つのシンプルルール

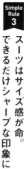

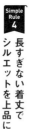

Chapter 1 春コーデ 4月▾6月

Chapter 2 夏コーデ 7月▼8月

Chapter 3
秋コーデ
9月▼11月

Chapter 4
冬コーデ
12月▼3月

カバー・本文デザイン● 二ノ宮 匡
撮影● 岡戸雅樹
スタイリング● 竹下 航
構成・編集協力● 平 格彦
校正● 東京出版サービスセンター
DTP● アレックス

衣装協力(順不同)
株式会社AOKI(https://www.aoki-style.com/)
ザ・スーツカンパニー 銀座本店(TEL 03-3562-7637)
スーツセレクト(TEL 045-825-0021)
ユニクロ(TEL 0120-170-296)
GU(TEL 0120-856-452)
BRITISH MADE 銀座店(TEL 03-6263-9955)
ダニエル・ウェリントン 原宿(TEL 03-3409-0306)

＊本書の情報は2019年２月現在のものです。

＊本書の衣装協力商品につきまして、店舗、メーカーなどによって、完売、また販売・生産が終了している場合もございます。ご了承いただけますと幸いです。

＊本書に掲載されている著者の私物に関しましては、すでに販売・生産が終了している商品もあります。メーカーや編集部などへのお問い合わせは、ご遠慮くださいますようお願い致します。

＊本書のクレジットにおいて、上下揃いのアイテムにつきましては、便宜上「スーツ」と表記しております（一部をのぞく）。

MBが教える
スーツコーデ
７つの
シンプルルール

MB's Suit
Coordinate
Seven Rule's

まずは覚えてもらいたい「ルールと原則」。
10万円のスーツでも、このルールから外れていたら台なしに。
リーズナブルなスーツを高級スーツに見せる最速の方法。

Simple Rule 1

極力シワが入らないジャストサイズのスーツを選ぶ

コーデ例は P 28

おしゃれなコーディネートを築く上で大切な要素があります。それは、「ドレス」と「カジュアル」のバランスをとること。そして服は、シワがあるほどカジュアルに見え、ツヤがあるほどドレスに見えます。

ドレスの完成形であるスーツスタイルにおいて、カジュアルとのバランスを考える必要はありません。スーツに加え、シャツや靴といった合わせるアイテムもツヤのあるドレスなものを選ぶことが重要です。

スーツはサイズが合っていないと不自然なシワが肩の周辺などに入ります。だからこそ究極はオーダーになるわけですが、**既成品でも目立つ部分のシワを消すだけでドレス感は増します。**

Simple Rule 2

裾丈はノークッションかハーフクッションのどちらかを選択

コーデ例は P 182

私の調査では、スーツ姿がサマになっていない人の90%がスラックスの裾丈に問題があります。裾が長すぎて、「クッション」が出すぎてしまっているのです。

正統派のスーツスタイルでは、ワンクッションがいいといわれ続けてきました。しかし私は、**ノークッションをおすすめします。**クッションがシワをつくってルーズな印象になってしまうので、**いっそのことクッションはないほうがいいからです。**

ノークッションによって靴下のチラ見えは増えますので、それを避けるならハーフクッションでも構いません。スーツを購入する際や丈直しをする際は**「クッションが出ないくらいで」と相談するのが鉄則です。**

Simple Rule 3

スーツはサイズ感が命。できるだけシャープな印象に

コーデ例は
P 60

本来は男性の体を美しく見せてくれるスーツ。ジャストサイズさえ選べば真価を発揮してくれますが、実際は野暮ったい印象の人ばかりです。その理由は、市販のスーツは動きやすさを優先し、作業着に近い要素を考慮しているから。**サイズ感が犠牲になっています。**

余裕あるサイズ設定を計算してスーツを選んでください。肩幅などのサイズが合っていないと背中に不自然なシワが入るので、確認しながら選びましょう。

裾丈が合っていてノークッションになっているのに、スラックスがダボッとして見えるという場合は、**裾幅が太いのが原因。裾幅を１～２センチ詰めることで、簡単に全体をシャープな印象に変えられます。**

Simple Rule 4

長すぎない着丈でシルエットを上品に

コーデ例は
P 104

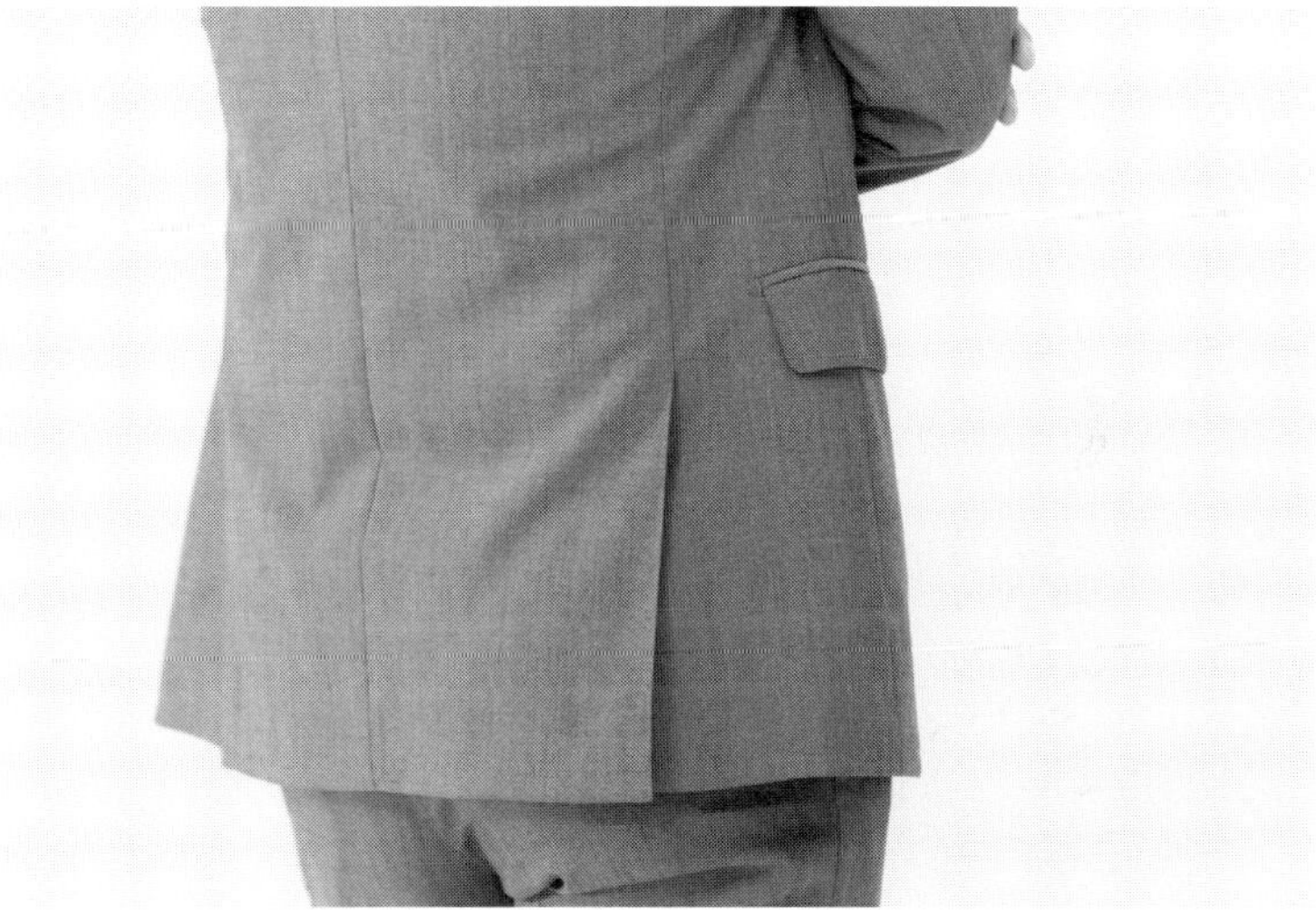

スーツはジャケットの着丈も重要。**お尻が少し見える程度がいいといわれています。**お尻をすべて覆うくらいの長さだとルーズな印象になるので要注意です。

スーツ姿は上下とも細いIラインのシルエット。**上のジャケットの着丈が長くなると縦のボリュームが出てバランスが崩れてしまいます。**

テーラードジャケットは礼服を簡略化したのが起源で、礼服のモーニングのように極端に着丈が長くなれば上にボリュームがあるYラインのシルエットでバランスが整います。でも、テーラードジャケットとして長いくらいの着丈だと中途半端なバランスに。ルーズな印象が強くなってしまうのです。

Simple Rule 5

シャツとネクタイで Vゾーンを整える。 それだけで ドレス感がアップ

コーデ例は
P 122-123

［太めのラペル＆太めのネクタイ］

［細めのラペル＆細めのネクタイ］

顔に近い首元によってコーディネート全体の印象は左右されます。スーツの首元はVゾーン。そこをきちんと整えるだけで**ドレスな印象が高まるのです。**

まずはシャツですが、シャツのサイズだけMやLではなく、首回りのサイズ表記になっていますよね？　38センチなどの細かいサイズが用意されているのには理由があって、それだけジャストでないとダメだということ。シャツの首回りが余った状態でネクタイを締めると、**余った生地のせいでシワが寄ってしまうのです。**

次にネクタイとラペル（襟）の幅を揃えることも重要。**厳密に測る必要はありませんが、感覚的に幅を揃えるだけでVゾーンが整って見えます。**

Simple Rule 6

スーツのおしゃれは袖先に宿る。先端を整えれば印象は一気に変わる

コーデ例は P 200

人が注目する先端部分を見直すと、周囲からの印象が簡単に変えられます。スラックスの裾丈については「シンプルルール2」で解説しましたが、ジャケットの先端である袖先も重要です。

袖をスッキリ見せ、清潔感を出すには明確な基準があります。まずは袖丈。腕を自然に下ろし、手のひらを床と平行となるように曲げたときに、ジャケットの袖口が手の甲に触れるか触れないかの袖丈がちょうどいいといわれています。

さらにシャツとのバランスも重要。**ジャケットの袖口からシャツが1・5センチくらい見えているバランスが基本で、**清潔感のある袖先に仕上がります。

Simple Rule 7

ダークトーンのスーツを選ぶ 基本の3色は黒・紺・グレー

コーデ例は
P 38

スーツを買う方から、おすすめの色、生地、価格帯を聞かれることが多いのですが、**「ダークトーンだったら、どれでもいいです」**と答えています。

ライトネイビーが清潔感を演出できるのはたしかですが、**生地の質感がわかりやすい「ライト○○○」といったカラーは基本的にはおすすめしません。**

服を構成する要素は、デザイン、シルエット、カラー（素材を含む）。スーツはデザインやシルエットで差がつけにくいので、カラー（素材）が値段を決める大きな要素となります。**そこで、生地の質感がわかりにくいダークトーンを選べば、１万円のスーツを５万円もしくは10万円に見せることは難しくないのです。**

Chapter 1

春コーデ

Spring
COORDINATE

4月 ▸ 6月

001 ▸ 026

気候も暖かくスーツコーデがしやすい季節。
さわやかな春らしいスタイルを中心に、
梅雨の雨の日にピッタリのおしゃれも紹介！

COORDINATE

001

April

色柄に関するポイントを遵守！ネイビーのスーツを使ったスタンダードなコーディネート

まずは、社会人がもっとも使っているネイビーのスーツを選んでみました。4月なのでフレッシュな印象をプラスするために、さわやかなブルーが入ったレジメンタルストライプのネクタイを合わせています。

ここでは、色柄の合わせ方で失敗しないふたつの基本ルールを解説します。「基本ルール①」は、**スーツ、シャツ、ネクタイのうち、柄入りは2アイテム以内に抑えること。**どうしても3アイテムになる場合は、柄が小さめで薄めのものにしてください。

「基本ルール②」は、**色のあるアイテムは2点以内に収めること。2色ではなく2点なので注意してください。**ネイビーやチャコールグレーなどのダークトーンは色としてカウントしません。色彩の強い色は1・5とカウント。反対に弱い色は0・5とカウントします。

この着こなしはネクタイが明るめなので1・5点。AOKIのスーツは織り柄の表情があるので0・5点。ルールに則っているのでまとまって見えるわけです。

ネクタイの色彩の強さが映える「織り柄スーツ＋白シャツ」セット

スーツ、シャツ、ネクタイ、
靴／AOKI 参考品

COORDINATE

002

April

シャツでフレッシュに演出。ダークグレーのスーツを使ったスタンダードなコーディネート

ある統計によると、20代のビジネスマンが愛用しているスーツの色はネイビーのスーツが60%、グレーが20%、ブラックが20%という割合になっているそうです。ということで、ネイビーの次に使われているグレーのスーツで基本的なスタイリングを築きました。

年齢が上がるほどネイビースーツの比率が下がるという印象もありますが、**グレーのスーツはおじさんっぽくなりがち。それを防ぐために、ライトブルーのシャツでフレッシュなイメージを足しています。**さらにネクタイもブルー系のダークネイビー。このセットは好感が持てますよね。シャツが地味なカラーでネクタイがペイズリー柄などになると、グレースーツのおじさんっぽさを助長してしまいますので注意です。

ちなみにこのスーツはスーツセレクトのもの。サイズがジャストなので高級品に見えませんか？　そもそもの品質がよいというのもありますが、**ダークトーンでシワがなければさらに上質に見えるものです。**

遊びを極力なくしたソリッドなスタイル。

スーツ、シャツ、ネクタイ、
靴／スーツセレクト

COORDINATE

003

April

ネクタイで春色のアクセント！ブラックスーツを使ったスタンダードなコーディネート

最近は選ぶ人が増えている印象もあるブラックのスーツを使ったベーシックなスタイルです。**ブラックスーツを着こなすポイントは簡単で、冠婚葬祭用の礼服に見えないようにすること。**そのためにまず、**無地ではなくストライプ柄のスーツを選んでいます。**ただし、控えめな表情の柄を選んで主張しすぎないようにしています。とはいえチョークストライプですので、全体的に縦長に見えて、スマートな印象を与えるという効果も期待できます。

また、フォーマルなブラックのスーツだからこそ、少し刺激のあるピンクのネクタイをアクセントにしてもドレスなイメージは総崩れしません。

そもそもダークなスーツに白シャツを合わせておけば、合わないネクタイはありません。極めて構築的なファッションであるスーツスタイルの中で**唯一、遊べる要素がネクタイです。**論理でガチガチに縛るのも大切ですが、ネクタイくらいは気分で選んでもOKです。

ネクタイの色を、季節のイメージに合わせるのは
わかりやすくて効果も絶大。

スーツ、シャツ、ネクタイ、
靴／AOKI 参考品

COORDINATE

004

April

初対面の人に対して さわやかな印象を与えたいなら ライトネイビーのスーツで

原則としてダークトーンのスーツを選ぶべきなのは「シンプルルール7」で説明した通りです。ただし**相手の職種や状況によっては明るめのスーツでさわやかさを演出するのもアリです。**

どれくらい明るいトーンまでOKかという基準は、**黒い革靴を合わせてなじむかどうか。**社会人になったばかりで黒い靴しか持っていないとしたら、それに合うかどうかはさらに重要ですよね。

ここで着ているスーツセレクトのスーツはブルーの色味に少し落ち着きがあって、鮮やかすぎず美しいイメージ。黒い靴もギリギリ合っているので、**これくらいの明るいブルーが境界線でしょうね。**

ただし私は童顔なので、フレッシュな色のスーツを着ると幼く見えてしまいます。実はサラリーマン時代、最年少で部長になったので重要な局面でなめられることが多くて苦労しました。学生バイトに間違われることもあったので、明るいスーツは避けていたほうです。

春の気持ちいい気候のときは
明るいブルーで気分をさらに上げて

スーツ、シャツ、ネクタイ、
靴／スーツセレクト

COORDINATE

005

April

クレリックシャツを使って統一感のあるVゾーンを築けば誠実なスーツスタイルも簡単！

クレリックシャツの長所を活かしたさわやかなスーツスタイルです。クレリックシャツを使ったノーネクタイのコーディネートはＰ66やＰ78をチェックしてほしいのですが、当然ながら、ネクタイを合わせたスーツスタイルにも使えるシャツです。

改めてクレリックシャツの特徴に触れるなら、印象に大きな影響を与える顔の近くが白で切り替えられているのがポイント。汚れのないホワイトがクリーンな印象を振りまいてくれます。そして、そのクリーンなイメージを活かすためには、Vゾーンはあまりゴチャゴチャさせないのが正解です。そこで今回は、ライトブルーの無地シャツと同系色であるネイビーを使ったネクタイをチョイスし、統一感を出しています。

さらにスーツもネイビーを着用。ストレートチップの革靴を含めて定番アイテムばかりで揃えていますが、だからこそ上品で誠実な印象のスーツスタイルにまとまっています。

スーツ、シャツ、ネクタイ、
靴／スーツセレクト

クレリックシャツはジャケットを脱いだときにもサマになるのが good ！

Simple Rule 1

COORDINATE

006

April

ユニクロの「感動ジャケット」と「感動パンツ」で着心地も見た目も最高に

実はこの上下は５９９０円＋３９９０円。ユニクロの「感動ジャケット」と「感動パンツ」です。**まさに感動ものの着心地なのですが、それよりも高級に見えませんか？　その秘密は「シワ」にあります。**

服は「シワ」があるほどカジュアル。デニムはシワをつけて色落ちさせることでアタリをつけますよね？　一方、スーツは「ツヤ」のあるドレス感が重要。合わせるアイテムもツヤが必要で、革靴も磨き上げてツヤを出しますよね？「ツヤがある＝シワがない＝ドレスに見える」という図式が成り立つのです。

つまり、**スーツを買う際はシワが入らないかを確認するのが大切。**特にジャケットには明確な目安があって、**ボタンを留めたときにサイズが大きいと縦ジワが入り、小さいと横ジワが入ります。**背中側も含めてきちんとチェックしましょう。

また、スーツを着こなす際は、視線が留まる先端部分にシワが入らないように注力することが重要です。

正直、オーダーではないので
完璧にジャストサイズにするのは無理ですが、
このくらいのスッキリ感でシワがないものを選べば、
ユニクロで80点スーツコーデのでき上がりです。

スーツ、シャツ、ネクタイ（私物）
／ユニクロ
靴／GU

COORDINATE

007

April

ブラックスーツを使って ビジネススタイルを築くなら こんなクールなイメージで

最近の就活生の定番は黒のスーツ。昔は御法度だったのですが、合理性が優先されるようになったようです。というのも、冠婚葬祭に流用できるという理由で1着目に黒いスーツをすすめる雑誌が増えているのです。カジュアルなセットアップでは黒の人気が一番ですし、今となっては抵抗感なく黒のスーツが支持されています。就職活動や面接では、**ネクタイの色数も減らして派手にならないように気をつけてください。**

ビジネスシーンで着用することを考えると、今回のスーツのような**控えめのストライプ柄がイチ押し。フォーマル感が薄れてビジネス感が増します。**シャツやネクタイは正統派。**靴とベルトを黒で揃える原則を守っているからこそクールに仕上がっていますよね。**

そもそもダークトーンのスーツなら何を選んでも正解。そして、黒はもっともダークでドレスな色です。つまり、サイズやシルエットを整えたブラックスーツはシンプルにまとめれば確実に80点がとれます。

新社会人にとっては、真似しやすいスタイル。
控えめなスーツ柄を選ぼう！

スーツ、シャツ、靴／GU
ネクタイ（私物）／ユニクロ

COORDINATE

008

April

「ネイビー×ペールピンク」の春らしいイメージも駆使したエネルギッシュな着こなし

ベースの色合いはフレッシュ。やや明るめのAOKIのスーツはチェック柄がうっすら入っていて表情があります。そこにペールピンクのシャツを合わせ、春らしいさわやかなコーディネートにまとめました。

シャツは白が基本ですが、**これくらい淡いカラーなら白と同じくどんなネクタイでも合います。**そこで今回はピンクと相性がいい赤系のレジメンタルストライプ。スーツやシャツと同じく春らしいイメージもあるので、さわやかなスーツスタイルに仕上がっています。

実はこのネクタイを選んだ理由として、**「パワータイ」も意識しています。**パワータイに関してはP76で解説していますので、そちらを参考に。エネルギッシュなアメリカの大統領は白いシャツに真っ赤なパワータイを締めていますが、それを意識しつつ**シャツやタイの色で春らしくアレンジしたというわけです。**この時期はビジネス上の大切な場面も多い季節ですので、さわやかで力強い装いを活用してください。

淡いピンクのシャツで一気に春らしさをアップ！

スーツ、シャツ、ネクタイ、靴／AOKI 参考品

COORDINATE

009

April

誠実なイメージを振りまくブルーのグラデーションを構築したスーツスタイル

コーディネート全体をブルーで揃えると誠実なイメージになります。セオリー通り、スーツはダークなネイビーがおすすめ。すべてのアイテムがダークトーンだと地味に見えるので、**シャツなどで明るい色を入れてメリハリをつけつつグラデーションを生み出しましょう。地味にならず、スッキリさわやかな印象にまとまります。**

スーツスタイルがさわやかな印象の人は、今回のようなブルーのグラデーションをうまく使っている人が多いので、意識してチェックしてみてください。

ここでは**品位が高まるスリーピースを活用しているのもポイント。ジャストサイズのジレは腰のクビレが高く見えて脚長に見えるというメリットもあります。**

さらに、ジャケットを脱いでもシャツよりもスタイリッシュなので、**ジレを活用するのもおすすめです。**ジレに関してはＰ１１８でも詳しく説明していますので、参考にして活用してください。

シャツ、ネクタイ、ジレ、すべてブルー系ですが、
3点のトーンがそれぞれ違うところがポイント。

スーツ（スリーピース）、シャツ、
ネクタイ、靴／AOKI 参考品

COORDINATE

010

May

新緑をイメージさせるグリーンを差し色にすることでフレッシュさを演出

5月は新緑の季節ですね。少しそういったことも意識して、グリーンのドットタイを選んで華やかさをプラスしました。

コーディネートのベースであるスーツはダークなグレー。スーツセレクトのスーツですが、暗すぎず明るすぎないトーンがこの時期にピッタリです。そのスーツと明るさを合わせた濃い茶色のストレートチップシューズを合わせ、足先まで統一感のあるコーディネートに仕上げています。

色味のあるネクタイで、おじさんっぽくなりがちなグレーのスーツをフレッシュにアレンジしているのがポイント。明るいトーンがベースのクレリックシャツもクリーンな印象をプラスしています。

シャツとネクタイがさわやかで、ジャケットを脱いでもおしゃれな印象はキープできます。暖かくなってくるこの時期は、ジャケットを脱ぐ可能性も計算してシャツやネクタイを選ぶことも大切ですね。

暗すぎないグレーのスーツと
グリーンのネクタイの相性がいいので、
全体がきれいにまとまっています。
濃い茶色の靴もバランスを整えています。

スーツ、シャツ、ネクタイ(私物)、
靴／スーツセレクト

Simple Rule 7

COORDINATE
011

May

ダークトーンのスーツなら誰でも高級感を出せて落ち着いた雰囲気に

ここで着ているスーツの色はどんな印象ですか？**ダークトーンなので落ち着いた印象ではないでしょうか。**チープな印象はないはずです。スーツを買う際にどんな色、どの生地、いくらくらいの価格を選ぶべきかで悩んでいる人が多いようですが、**悩むだけ損です。ダークトーンのスーツなら、どれでもいいのですから。**

たとえばライトネイビーは清潔感が演出できますが、基本的に明るいトーンのカラーはおすすめしません。その色自体がNGというわけではなく、ライトな色の生地は質感がもろに出てしまうからです。

服を構成する要素は、デザイン、シルエット、カラー（素材を含む）。スーツはデザインがほぼ一緒、シルエットには明確なルールがありますので、カラー（素材）が値段を決める大きな要素となります。**ダークトーンは生地の質感がわかりにくいため、低価格のスーツを高級に見せることが簡単なのです。**もちろん、ほかの「シンプルルール」を守ることが前提です。

チープ感を排除するダークコーデの基本形

スーツ、シャツ、ネクタイ、
靴／AOKI 参考品
時計／ダニエルウェリントン

COORDINATE

012

May

トラッドな風格を放つ
クレストタイを使って
正統派スーツをアレンジ

このコーディネートのポイントはグリーン基調のクレストタイです。「クレストタイ」とは、小紋柄のネクタイの一種で、小さな紋章柄が並んだタイプのことです。スコットランドの伝統的なモチーフであり、トラッドなテイストが特徴的。つまり、**少し渋い柄が入っているネクタイということです。**

そこで、フレッシュな印象のグリーンを選ぶことでバランスを調整しています。さらに、**ネクタイの幅がやや細いタイプにすることで、シャープなイメージもプラスしています。**クレリックシャツも若々しい印象を与えたいという意図で選んでいますし、ネイビーのスーツもさわやかさを演出する要素のひとつです。

シンプルなネイビーのスーツは、スタンダードで着回しやすい反面、ワンパターンな印象になりがちな傾向があります。**アクセント付けになるクレストタイなどで変化を与えるとマンネリ化するのを防ぐことができるのでおすすめです。**

ネクタイは「渋い柄」×「フレッシュグリーン」。
クラシックになりすぎないように気をつける。

スーツ、シャツ、ネクタイ、
靴／スーツセレクト

COORDINATE

013

May

ビジネスシーンは上品なレザーのブリーフケースを基本にするのが正解

カジュアルなリュックを背負っているスーツ姿のビジネスマンを山ほど見掛けますが、正直ダサいと思います。**「スーツ×リュック」は「ドレス×超カジュアル」という組み合わせなので、アンバランスなのです。**

スーツスタイルは「ドレス」。**ラクに持てる利便性を求めるほどドレス感は失われますので、利便性とドレス感のバランスや優先順位を意識してください。**

ビジネス用のバッグに強いこだわりがないとしたら、**レザー製のブリーフケースを選びましょう。**書類を入れて持ち歩くためのバッグで、自立するタイプが定番。黒か茶なら、スーツ姿がいっそう品よくなります。

ここで持っているバッグは雑誌『SPA!』と私のコラボ品。ハイブランド並みのレザーを使用しつつシンプルにまとめました。ストラップはワンタッチで開閉でき、取っ手をたためばクラッチバッグとしても使えるなど、かなり機能的。ノートPCも収納できます。**こんなドレスなブリーフケースが理想的です！**

主張しないデザインがドレス感を損ないません。

スーツ、シャツ、ネクタイ
／AOKI 参考品
ブリーフケース／MB×SPA！

COORDINATE

014

May

ルール厳守と寒色の差し色で グレーをベースにした スーツスタイルを都会的に！

グレーのスーツはおじさんっぽく見えやすいという面もありますが、**ルールを守ってきちんと着こなせば都会的なイメージに仕上げることもできます。**

ポイントはやはり、サイズ感をきっちり合わせていること。ダークトーンも重要です。**シワ感が目立たないので、ダラしないおじさんのイメージは避けやすくなります。**暗い色味は引き締まって見える効果もありますので、グレーもダークトーンで間違いありません。

今回はシャツもグレーで統一してスタイリッシュな印象に。ただし、ワントーンの印象になるとビジネス感が薄れてしまうので、**明るさや生地感などで変化をつけるのも大切です。**そこで、寒色であるブルー系のソリッドタイを差し、クールな印象を強調しました。

また、**すべて無地でつまらないと感じた際のお手本として、ボタンダウンのシャツを選びました。**目につく首元は、わずかな変化でも印象に作用するのです。下手に色や柄で遊ぶよりもクールに仕上がります。

全体の統一感を高める 絶妙な「グレー×ブルー」コーデ

スーツ、シャツ、ネクタイ（私物）
／ユニクロ
靴／GU

COORDINATE

015

May

スーツの足元には黒革のストレートチップを選んでおけば間違いない

革靴は基本的に、**奇抜でなければ何を選んでもOK。**一般的なセオリー通り、**ストレートチップの靴がもっとも正しい選択です。**紐《ひも》のないスリッポンは原則NGですが、スーツは礼服ではないので、奇抜でなければいいと思います。派手なストラップや金具など、装飾があると**パンツと靴の境界が際立ってしまいますので、**上級者でない限り避けたほうがいいでしょう。

というのも、**革靴は色味やトーンをスーツやソックスと合わせて統一感を出すのが基本ルール。**境界を曖昧にすることで脚長効果も生まれます。「シンプルルール7」の通りダークトーンのスーツを選んでいるのであれば、革靴は黒で間違いありません。

革靴は値段がどうこうというより、適度に上質な黒い正統派さえ選んでおけばOK。スーツが高見えします。このスーツもザ・スーツカンパニーですし、本書全体でも特に高価なアイテムは使っていませんが、**スーツが高見えしているのは革靴の貢献も大きいのです。**

靴を悪目立ちさせなければ
コーデ全体がスタイリッシュに

スーツ、シャツ、ネクタイ、
靴／ザ・スーツカンパニー

POINT

COORDINATE

016

May

トレンドを取り入れるならダークグリーンやカーキのスーツが新鮮でおすすめ！

定番的なスーツスタイルに飽きたら、トレンドであるダークグリーンやカーキのスーツがおすすめです。案外イメージが変わるので、バリエーションのひとつとして挑戦してみてください。**GUの「テーラードジャケットCL」と「テーパードトラウザーCL」のセットなら上下合わせて7500円くらいで揃えられますので、最小限の投資で気軽にトライできます。**

たとえグリーン系でもダークトーンさえ選べばビジネスシーンにマッチ。とはいえ、ややカジュアルな印象ではありますので、**その日の予定を考慮しつつセレクトするという使い方が賢明です。**またカジュアルだからこそ、仕事後の予定を見据えて選ぶという手もあります。その場合は、仕事が終わったらネクタイを外してカジュアルダウンするのもおすすめ。**ホリゾンタルカラー（P68）などのノータイでも決まるシャツを選んでおけばアレンジも簡単です。**ダークグリーンやカーキのスーツをオンオフ両刀遣いしてみてください！

風合いや素材感のレベルが高い！
「ちょっといいスーツ」コーデの完成

スーツ、シャツ、靴／GU
ネクタイ(私物)／ユニクロ

COORDINATE

017 | May

精悍なブラックスーツも無地に近い柄とブルーを駆使すれば爽快に

スーツ（スリーピース）、シャツ、ネクタイ、靴／AOKI 参考品

青黒コーデで精悍さと自信をアップ

P22で解説していますが、ブラックスーツを礼服に見せない近道は、**柄入りの生地を選ぶこと。無地に近い柄を選ぶと幅広く着回せて便利です。**

ここで選んでいるのはAOKIのスーツですが、織り柄のチェックがビジネス向き。ジレがついたスリーピースということで、クラシックで精悍《せいかん》な印象も感じさせます。

黒のスリーピースは古臭くなりがちなので、**青のシャツでさわやかさを加味。ドット柄のネクタイで華やかさも加えています。**

COORDINATE

018 | May

GU＋ユニクロで全身1万6000円以下のビジネススタイルに挑戦！

スーツ、シャツ、靴／GU
ネクタイ（私物）／ユニクロ

「シンプルルール」さえ守れば、どんなにプチプライスなアイテムでも合格点のビジネススタイルが築けるということを証明するため、できる限り低予算で全身のコーディネートを完成させてみました。**GUが中心で、ネクタイはユニクロ。ネクタイに高級感のあるシルク１００％のものを選んでチープ感を排除しています。**

どうですか？　10万円程度のスーツに見えませんか？　今の時代、特別お金をかけなくても、本格的なスーツコーデがつくれます。

COORDINATE

019

June

この時期のスーツは濡れても蒸れても汚れてもすぐに洗えるウォッシャブルスーツが狙い目

スーツを仕事着と考えると、機能面を重視してスーツを選ぶのも間違いではありません。特に最近はいろいろな高機能素材を使ったスーツが増えていますので、**動きやすいストレッチ素材のスーツなどを自分のワークスタイルに合わせて選んでもよいでしょう。**

雨の多いこの時期は、**ウォッシャブルスーツも便利です。**雨で濡れて汚れてしまっても、家ですぐに洗えるからです。雨を弾《はじ》く撥水《はっすい》加工のスーツもありますが、湿度が高いと蒸れたりもしますので、いずれにしても**洗えるスーツが清潔感をキープできておすすめです。**

また、機能性素材は基本的にツヤ感が薄れてしまうもの。パーティー用のスーツは別に用意するなど、使いわけができるとベターですね。

今回着用しているのはスーツセレクトのウォッシャブルスーツ。**サイズ感やVゾーンの組み合わせといった原則さえ間違わなければこんなにも上品に着こなせますので、**選択肢として覚えておきましょう。

こんなに上品だけど
洗濯ＯＫな高機能スーツ

スーツ、シャツ、ネクタイ、
靴／スーツセレクト

COORDINATE

020

June

カラーを切り替えながらもドレスなイメージは崩さないジャケパンスタイルの秘密

スーツは上から下までひとつながりになっているからドレスな印象になっています。反対に、色の切り替えが多ければ多いほどカジュアルな印象になります。したがって、いわゆるジャケパンスタイルはカジュアルなイメージになってもおかしくないコーディネートです。しかしここでは、ネイビーのジャケットとグレーのスラックスの明るさを合わせることで、チグハグな印象をなくしています。つまり、色は切り替わっているけど明るさが同じなので、スーツに近いドレスなイメージを生み出しているのです。

白いシャツやレジメンタルストライプのネクタイも正統派にしてドレス感をプラス。さらにジレを合わせることでクラシックな印象も加えています。カラーやディテールこそ異なっていますが、本格的な礼服であるディレクターズスーツのようなイメージで、気品あるジャケパンスタイルを築いています。

上下から足元までトーンを揃えて
正統派スタイルから遠ざけない

ジャケット、パンツ、ジレ、
シャツ、ネクタイ、靴
／ザ・スーツカンパニー

COORDINATE

021

June

雨の日を乗り切るために ブラックの長所を活かした 賢いモノトーンスタイル

ブラックスーツはフォーマルなドレス感を簡単に演出できるのが大きな長所ですが、実はほかにも特長があります。それは、**濡れても目立たないこと。**

ほとんどのカラーの場合、生地が濡れるとその部分が暗くなって濡れているのがすぐにわかってしまいます。**しかし黒はすでに暗いので、濡れてもわからないという色彩のカラクリです。**

白も黒と同じく、濡れてもわかりづらい色。白には色味がないため、濡れても暗くなる要素がないのです。

つまり、**ブラックスーツ、白いシャツ、黒いネクタイという組み合わせは、濡れてもわかりづらいというメリットがあります。**靴まで遊ぶことなく黒で統一しつつ、礼服っぽくならないようにスパイスとなるペイズリー柄のネクタイを選んでいるのもポイントです。

もちろん、濡れないのに越したことはありませんが、雨が多い季節は濡れる可能性も考慮してスーツ選びをするのもひとつの手です。

こうしたモノトーンスタイルでは、
ペイズリー柄など主張のあるネクタイ柄が、
効果的なアクセントとして使えます。

スーツ、シャツ、ネクタイ、
靴／AOKI 参考品
時計／ダニエルウェリントン

COORDINATE

022

June

謝意や誠意を見せるべきときは柄や色味を抑えた着こなしでコーディネートにも率直に反映

そんなシーンはないほうがいいに決まっていますが、人間はミスをするものです。仕事をする上で謝罪しなければならないときもあるでしょう。ミスをしていなくても、理不尽な理由で謝らないといけないときもあるかもしれません。服装はコミュニケーション手段のひとつですので、謝罪するシーンでは謝罪している気持ちをコーディネートにも反映すべきです。

派手な柄や装飾は省くのが大前提。すべてのアイテムを無地で揃えるのがベターです。ネクタイに関しても、華やかな印象のドット柄や色数の多いレジメンタルストライプは避けるべきです。

ただし、全身がソリッドだと少しやりすぎでわざとらしく映る場合もありますので、ここでは上級編として少しアレンジ。グレーのスーツは控えめなストライプ柄で、ネクタイはペイズリー柄をセレクトしています。色柄を入れるにしてもこの程度に抑え、謝罪の意をしっかり表明しましょう。

あえてソリッドなスタイルにしないことで、
落ち着いた印象を構築

スーツ、シャツ、ネクタイ、
靴／AOKI 参考品

Simple Rule 3

COORDINATE

023

June

ちょっときつめなサイジングで男性的なイメージをアップさせる立体的なスーツコーデ

今回のスーツは本当にジャストサイズ。ぴったりだからこそ、ジャケットのボタン回りが少しきつめに見えるかもしれませんが、ここでは、**それを逆手にとって、男性的なイメージをアップさせるコーデとして紹介します。**

わかりやすい例はTシャツ。腕を細く見せたいならルーズシルエットの袖、腕をたくましく見せたいならタイトシルエットの袖が正解なのですが、その理論がここでも応用できます。つまり、**少しきつく見えるからこそ、上半身が発達して見え、肩から胸、腰にかけての逆三角形の印象が際立ちます。**

一方のスラックスはキュッと細身。**たくましく見えるジャケットや開いていて立体的なVゾーンと対比させることで、上下それぞれの印象が強調されています。**

おしゃれなスーツ姿はサイズが重要。動きやすいように余裕のあるサイズ感を計算して、より自分のサイズに合ったスーツを選ぶのがポイントです。

Vゾーンをたくましく！「逆三角形」感を強くするウラ技

スーツ、シャツ、ネクタイ、
靴／スーツセレクト

COORDINATE

024

June

案外、見落としがちだが スーツスタイルに似合うのは ビニール傘よりドレスな黒傘

上質なブラック傘が よりスーツ全体を引き締める

スーツ、シャツ、ネクタイ、靴／スーツセレクト 傘／MB×SPA！

スーツのドレス感を崩さないためには小物もドレスなものを。傘だって例外ではありません。

ビニール傘ではなく、セレクトショップにあるような少し上等な傘にするだけで印象は変化。質感、重厚感、取っ手のフィット感などがけっこう違いますし、そもそも傘は目立ちます。

この傘は『SPA！』と私のコラボ品。シンプルな黒でシーンを選ばず使え、ワンタッチで開閉できる折り畳み傘です。**上質感ある生地とハリ感のある風合いがドレス感を醸し出します。**

COORDINATE

025

June

雨の日は「チョロ見え」しない上品さを兼ね備えた防水仕様のコートがあると超便利

傘＋防水コートで
雨の日の仕事もよりおしゃれに快適に

スーツ、シャツ、ネクタイ（私物）、コート（私物）／ユニクロ
ブーツ、傘／MB×SPA！

この時期は防水コートを使いましょう。「カッパ感」がなくてスーツに似合うものを選び、着丈にも注意が必要。ジャケットの裾まで隠れる長さが絶対です。

動きやすさ重視のカジュアルなアウターは着丈が短いですが、スーツの上着はそれより長め。その上に羽織るコートはさらに長くないと上品に映りません。

今回は条件を満たすユニクロの「ブロックテックステンカラーコート」を着用。ブーツはP176でも紹介している自信作です！　雨の日は靴選びも重要ですから。

COORDINATE

026

June

ポイントアイテムを派手にして いつものビジネススーツを パーティー仕様に簡単アレンジ！

華やかさを主張する今すぐ揃えたい３アイテム！

スーツ（スリーピース）、シャツ、ネクタイ、靴、チーフ／AOKI参考品
時計／ダニエルウェリントン

結婚式やパーティーなどにお呼ばれしたときに何を着ていけばいいか迷うと思いますが、答えは簡単。**いつものビジネススーツでOKです。**正式なのは黒のスーツですが、**ダークトーンなら大丈夫。**アパレル関係者の結婚式でも、ネイビーの参加者もいればグレーもいますから。

それよりも大切なのは**「パーティー仕様！」と主張すること。**でも複雑な話ではなく、**白いチーフ、ジレ、派手めのネクタイを活用するだけです。**P206で詳細を補足します！

Chapter 2

夏コーデ

Summer
COORDINATE

7月 ▸ 8月

027 ▸ 042

クールビズとノータイで夏を乗り切る。
「ドレス感」の構築と適度な「カジュアルダウン」で
清涼感高めの暑苦しくないサマーコーデに。

COORDINATE

027

July

クレリックシャツを使ってノーネクタイのジャケパンをおしゃれに仕上げた基本形

見た目に暑苦しいのでネクタイは外しましょう……そんなふうに始まったクールビズですが、ノーネクタイのスタイルは着こなしが難しいもの。ビジネスマンの悩みの種にもなってしまいました。

そこでおすすめしたいのが、クレリックシャツを使ったノーネクタイのジャケパンスタイルです。クレリックシャツについてはＰ78も参考にしてほしいのですが、襟と袖先が白などで切り替えられているのが特徴。視線が集まる部分が切り替えられているため、ネクタイの喪失感をカバーすることができ、さびしい印象になりません。特に王道の白で切り替えられたタイプは、印象を大きく左右する顔の近くに白が入るため、クリーンな印象を演出することもできます。

クレリックシャツの王道はボディに薄いサックスブルーを用いたタイプ。涼しげでさわやかさも出るので、クールビズに適しています。ジャケットやスラックスも定番カラーを選べば自ずと品よくまとまります。

夏の黄金パターンで
誰でもさわやかな印象に

ジャケット、パンツ、シャツ、
靴／AOKI 参考品

COORDINATE

028 July

ホリゾンタルカラーを活用すればノーネクタイでもクールビズがサマになる

クールビズとしてノーネクタイのジャケパンスタイルを選ぶ人も多いのですが、実はけっこう難しいはずです。なぜなら、定番であるレギュラーカラーのシャツでネクタイを外し、さらに一番上のボタンを開けると、**襟がクシャクシャッと遊んでしまうから。シワが寄ってしまうんですね。**些細《ささい》なことだと思うかもしれませんが、**実はこれだけでコーディネート全体がだらしなく映ってしまいます。**

そこで活用してほしいのがホリゾンタルカラーのシャツです。レギュラーカラーとの違いはP80を参照してほしいのですが、簡単にいうと襟の開いている角度が水平くらいに広いのがホリゾンタルカラーです。

ホリゾンタルカラーは襟のサイズが小さめで自立し、襟先が遊ばないのがポイント。ノータイでジャケットを重ねてもサマになりやすいのです。**本来は白かそれに近い無地がおすすめ。**変化がほしいときには、**シンプルな単色チェックならカジュアルすぎずOKです。**

クールビズシーズンのシャツは、
このくらいの主張しない
さわやかな柄なら許容範囲でしょう。

ジャケット、パンツ、シャツ、
靴／スーツセレクト

COORDINATE

029

July

クールビズにおける単純明快なセオリーは「スーツから崩さない」

「クールビズで夏場は軽装にしましょう！」と急にいわれてとまどう人が多いのも当然。

ファッション的にクールビズは、完成形であるスーツを中途半端に崩す愚行だからです。カジュアル化といってもあくまでビジネスシーンですから、だらしなく見えるほど崩してはいけないのです。

実はクールビズの対策は単純明快です。**〝スーツという完成形からできる限り崩さない〟というのがロジックとしての正解。**なるべくシンプルなものや、フォーマルなアイテムを選ぶことで、崩しすぎないように心掛ければいいだけです。

シャツは無地の白で、ツヤのある生地。シンプルなデザインで細身なものを選びましょう。スラックスは礼服に近いダークトーン。シワ感のないスラリとしたシルエットのものを合わせましょう。「シンプルルール２」でも解説したように、スラックスの丈や裾幅が重要なのはいうまでもありません。

どんなに暑くても「スーツの基本」から
崩しすぎるのはNGです。

シャツ、パンツ、靴
／AOKI 参考品
時計／ダニエルウェリントン

COORDINATE

030

July

クールビズに限らず色つきのワイシャツは薄い色を選ぶのが絶対的なルール

スーツに合わせるワイシャツは、白シャツが基本中の基本です。実際、私自身もスーツに合わせるのはほとんどの場合、白シャツです。**とにかく白シャツにしておけば失敗することはないからです。**

では、失敗とはどういうことか。ワイシャツを派手な色やチェック柄、濃いストライプ柄などにしてしまうと、**ドレスな完成形のスーツスタイルが崩れ、どんどん子供っぽくなってしまうのです。**

でも、白シャツに限定すると少しさびしくなる気持ちもわかります。その場合は、**サックスブルーやペールピンクといった白に近い薄い色を選ぶのがセオリーです。ストライプ柄も線が細くて無地に近く見えるものにしましょう。**

クールビズもスーツの着こなしをなるべく崩さないのが正解ですから、ワイシャツの色選びも共通。むしろジャケットを着ない分、ワイシャツの存在が際立ちますので、色選びはいっそうルール厳守で。

襟やカフスに、チェックなどの柄が入っていたり
ボタンやその周辺を色で切り替えていたりするものは
基本的に選ばないように。あくまでも無地、
もしくは無地に近い、がセオリーです。

シャツ、パンツ、靴／ザ・スーツカンパニー
時計／ダニエルウェリントン

COORDINATE

031

July

適度にカジュアルダウンできるニットタイを活用することでネクタイありのクールビズに

スーツの完成形をできる限り崩さないのがクールビズの原則。ということで、禁止されていない限りはネクタイを外さないという選択肢も、もちろんアリです。ジャケットを脱いでシャツ姿になっても、ネクタイのラインによる引き締め効果が生まれ、体型をキレイに見せてくれるというメリットもあります。

スーツスタイルに使うアイテムはすべてツヤを持っていますので、そのツヤを消せばカジュアルな印象になります。その法則を応用し、シルクのネクタイをニット地に差し替えるだけで適度なカジュアルダウンが実現できます。素材がカジュアルなら、ノーネクタイばかりの周囲から変に浮いてしまうこともありません。

ニットタイならではの奥行きある表情を生かすなら、正統派のスーツをシンプルに着こなすのが基本。カジュアルダウンするからといって遊びすぎは禁物です。ニットタイは短めなので、ノットを小さくまとめてベルトにかかるかどうかの長さにすると好バランスです。

ネクタイをカジュアルダウンさせるのも手っ取り早いクールビズのコツ。

スーツ、シャツ、ネクタイ、靴／スーツセレクト

COORDINATE

032

July

プレゼンの準備が整ったら赤いネクタイ、アップの髪型、メタルフレームのメガネも投入

アメリカの大統領が重要な演説の際によく選ぶ赤いネクタイのことを「パワータイ」と呼びます。赤は色彩心理学で力強さや説得力を表します。男性が着用する赤は「社会的権威」を連想させるともいわれていますので、理に適《かな》っているわけです。色彩心理学の精度には諸説ありますが、統計的にそうらしいとはいえますし、**少なくとも自信にはつながると思いますので、プレゼンの際には赤いネクタイを活用しましょう。**

髪型もポイントで、**アップにしておでこを出すとフォーマルな印象になります。**プレゼンの際にはビジネス感を強く見せるべきなので、おでこが出るヘアスタイルがイチ押しです。

さらに、パワータイが派手な印象につながらないように、**知的なメタルフレームのメガネを合わせてバランスを整えているのもポイントです。**おでこを出す髪型とメガネの相性が抜群なのは、Ｐ２０２で解説している通りです。

ファッションで武装して自信をつけるのも、
ビジネスで結果を出すためのひとつの方法。

スーツ、シャツ、ネクタイ、
靴／スーツセレクト

COORDINATE

033 July

クレリックシャツなら1枚でもキマりやすくクリーンで誠実な印象に

このコーディネートのポイントはごく薄いグレーがベースのクレリックシャツです。王道はライトブルーですが、**だからこそライトグレーは新鮮でスタイリッシュな印象になります。そんなシャツを主役にするため、定番カラーであるネイビーのスラックスを合わせてシンプルに着こなしました。**

理論はP66と同じ。首元にクリーンな白が入り、さわやかで誠実な印象を演出できます。シャツ1枚でサマになるので、クールビズに対応するなら、**クレリックシャツは何枚か持っているといいでしょう。もちろん通年で使えますので、持っていて損はありません。**

クールビズは「なるべくスーツの完成形に近づける」のが原則ですから、ワイシャツは白の無地がイチ押しです。しかし白シャツばかりだと面白みに欠けると感じるかもしれません。そんなときにおすすめなのがこんなクレリックシャツなのです。**おしゃれなのにドレスな印象も崩さずにすむのは大きな長所です。**

シャツの地の部分が濃い色のものを
チョイスしないように気をつけましょう。
淡いグレー地はあまり着ている人も多くなく、
差別化できておすすめです。

シャツ、パンツ、靴／AOKI
参考品
時計／ダニエルウェリントン

COORDINATE

034

July

ワイドカラーのシャツをセレクトするだけで男性的なVゾーンがつくれる！

ここで注目してほしいのは、ワイドカラーのシャツです。ワイドカラーは襟先が広めの襟型のこと。襟の種類は襟先の開いている角度でわけられます。

定番はレギュラーカラー、少し広めで90度前後なのがセミワイドカラー、100~120度がワイドカラー、ほぼ水平か180度以上開いているのがホリゾンタルカラーでカッタウェイという別名もあります。

男性的なVゾーンをつくるためにも、ネクタイを締める際に、ワイドカラーやセミワイドカラーを活用してほしいです。なぜなら、**襟先が広がっているために首回りを太く、胸元を肉厚に見せてくれるからです。襟がグッと広がっているだけで、筋肉が発達しているという錯覚が起きるわけです。**

ワイドカラーはネクタイの見える面積も少し拡大。色味の強いデザインだとパーティー感のような華やかさが強調されてしまいます。**そこで、あまり派手ではないシンプルなネクタイを合わせるようにしましょう。**

いくつかのカラー（襟型）を
シチュエーションによって
使いわけられるようになったら、完璧！

スーツ、シャツ、靴／GU
ネクタイ（私物）／ユニクロ

COORDINATE

035 | August

真夏だって、あえて長袖シャツを着て「ミラノまくり」を駆使すれば上品かつ上半身もたくましく見える

クールビズといっても、半袖のシャツはできれば避けてください。**フォーマルな長袖シャツの省略形にすぎませんし、何よりダサいです。**その理由は、**袖の幅が太すぎるという点にあります。**腕回りが筋骨隆々としている欧米人や筋肉質な人でない限り、腕が細く見え、頼りない印象も与えてしまいます。

半袖シャツの袖幅を詰めるという解決策もありますが、**一番のおすすめは長袖のシャツを「袖まくり」するテクニック。**イタリア人が好んで実践している**「ミラノまくり」**を試してみてください。折り返した部分が腕にフィットし、目の錯覚で腕をたくましく見せてくれるというメリットがあります。

手順は簡単。左ページのように①袖口を折り曲げ、そのままググッと肘《ひじ》下あたりまで引き上げます。②折り返した部分をもうひと折りして完成。折り返しの幅は2~2・5センチくらいがベストです。**折り返し部分が二重になるため、腕にピタリとフィットします。**

1

2

シャツを腕にフィットさせ
クールビズもスタイリッシュに

シャツ、パンツ、靴／AOKI
参考品
時計／ダニエルウェリントン

COORDINATE

036

August

リラックス感を演出したい 夏のスーツスタイルなら 例外的に大柄を活用してもOK

スーツはダークトーンの無地が基本で、それに近い柄なら選んでもＯＫというのが基本ルールです。ただし、**リラックス感がほしい真夏は例外的に、大柄のチェック柄を選ぶという手もあります。**

上品なチェック柄を選ぶのが大前提。**フォーマルなアイテムにも使用されるグレンチェックはその代表格です。**さらに、モノトーンなどの落ち着きがある配色を選ぶのも鉄則。ややカジュアルなチェック柄だからこそ、サイズ感は本当に気をつけてください。

着用したのはＧＵのアイテム。**やや大柄のグレンチェックで上品な中にもカジュアル感があり、それが適度なリラックス感につながっています。**しかもストレッチ素材なので、着心地も快適です。

夏用のチェック柄スーツはドレスなスーツスタイルというより、**「スーツを使ったクールビズ」という感覚で着こなすのがコツ。**夏を乗り切るビジネススタイルのバリエーションとして活用してみてください。

くれぐれもチェックの柄は濃すぎないように
注意してください。

スーツ、シャツ、靴／GU

COORDINATE

037

August

ジャケットもネクタイも脱いで温度調整がしやすい真夏のジャケパンスタイル

前ページと同じく、大柄のチェックを活用してリラックス感を醸出。ここではスーツではなく、ジャケットのみで取り入れてさらにカジュアルダウンしています。またグレンチェックではなく、よりシンプルでクリーンな印象のウィンドウペーン柄をセレクト。しかも明るめのグレーということで、さわやかなジャケパンスタイルを築いています。

クールビズなジャケパンスタイルはノータイのイメージが強いかもしれません。だからこそ、ネクタイを使えば周囲と差をつけることができます。ポイントは、少しカジュアルな質感のネクタイを選ぶこと。ニットタイで少しカジュアルダウンするのがおすすめです。

さらにシャツをホリゾンタルカラーにしておけば、ネクタイを取ってもサマになります。ホリゾンタルカラーの詳細はＰ68でも復習してください。近年の夏は酷暑といえるので、温度調整できるいろんなコーデを準備しておくのが賢いビジネスパーソンの証です。

真夏でも〝きちんとさ〟を残したカジュアルダウンコーデ

ジャケット、パンツ、シャツ、ネクタイ、靴／AOKI 参考品

COORDINATE

038

August

寒色のネクタイを効かせることで正統派のジャケパンスタイルを涼しげな印象にアレンジ！

暑い8月はダラッとなりがちだからこそ、コーディネートを上品にまとめてシャキッとしませんか？ そのためには、**寒色であるブルー系メインのジャケパンスタイルで爽快さを演出するのがおすすめです。**

ネイビーのジャケットにグレーのスラックスを合わせるジャケパンスタイルは極めてスタンダードですが、涼しげなブルーのドットタイを効かせているのがこのコーディネートのポイントです。ドットが大きいので華があって存在感も強めですが、冒頭のP18で解説した色柄合わせの基本ルールに照らし合わせても、まったく問題ありません。**強めの色や柄でもネクタイの1点投入なら失敗することはありえないのです。**

実はパンツのグレーもやや明るめ。**ベルトと靴も黒ではなく明るめの茶色を選んでいるので、コーディネート全体が軽めの印象になっています。**もちろん、見た目だけでなく通気性に優れるジャケットやスラックスを選ぶというのも夏を快適に過ごすポイントです。

ポイントアイテムで清涼感をプラス。
夏はコーデ全体が重くならないように意識しましょう。

スーツ、シャツ、ネクタイ、
靴／ザ・スーツカンパニー

COORDINATE

039

August

ポロシャツを着こなして
クールビズスタイルを築けば
脚長な効果も期待できる！

ここ最近、真夏になるとポロシャツを使ったクールビズのビジネスマンをよく見かけます。暑い日に長袖のシャツを着て汗だくになっているよりは、半袖のポロシャツを着ているほうがたしかにさわやか。ポロシャツを推奨している企業が増えているのも納得です。

実はポロシャツには、腰の位置が隠せるというメリットもあります。その意味ではシャツ×スラックスよりもスタイルがよく見えてバランス面では優秀です。

ただし、ポロシャツ選びには注意が必要。基本は台襟のあるものを選んでください。台襟とは、襟を支えて高さを出す仕様。高さがあるのでシャツに近いドレスライクなイメージなのです。一方、スポーツタイプのポロシャツは襟に高さがないのでTシャツに近い印象です。ただし、すでに持っているスポーツタイプを活用したい場合は対処法もあります。首元のボタンを一番上まで留めるようにしましょう。襟が高く見えてフォーマルな印象がほんのり出てくれます。

ポロシャツ、パンツ／ユニクロ
靴／GU

メルマガの読者からの質問も多いです。「スポーツタイプのポロシャツはクールビズに使えますか？」と。こうして着こなせば、すでに持っているアイテムを活用できます。

COORDINATE

040

August

視覚的なイメージだけでなく体感的な暑さまで和らげてくれるライトネイビーのスーツを活用

夏は通気性に優れた素材のスーツを選んで体感的に涼しくすることも重要ですが、周囲のためには視覚的に涼しく演出することも大切です。そんな理由であれば明るめのネイビーなども選択肢に挙げられます。

もちろん、生地の質感がわかりづらいダークトーンのスーツを選ぶのが原則であることは変わりません。ただし、このスーツセレクトのスーツは質感もなめらかでしっかりしているため、ライトネイビーでもチープ感はあまり感じられません。これが重要です。

スーツだけでなく、コーディネート全体も色を抜いているイメージで仕上げてみました。シャツが白なのは原則通りですが、ネクタイも白が多めの柄にして軽快な印象にしています。さらに、革靴も黒より明るい茶色をセレクトしています。

日差しの強い夏は生地がダークトーンであるほど熱を吸収しやすいので、明るめのコーディネートで見た目も着心地も軽やかに仕上げるのもひとつの方法です。

「ホワイト×ライトネイビー」で暑さを感じさせない軽やかなスタイルに

スーツ、シャツ、ネクタイ、
靴／スーツセレクト

COORDINATE

041

August

ライトグレーのスーツは高級感のある小物を合わせて高見えさせることで着こなす

この8月のコーデではライトグレーをピックアップ。**「ダークグレー」ではなく「ライトグレー」をチョイスする際のポイントは、「高級感」です。**

ここまでも述べてきたように、色をダークトーンにしたほうがいい理由は、トーンが明るいと生地の質がよりわかりやすくなってしまうから。

もちろん、高級な生地のスーツを使えればそれでもいいのですが、そうもいかないというときは、**目線が集まる顔の近くに高級感のある素材を置きましょう。**

ここではネクタイがそれに当たります。100%シルクでしっかりツヤがある質感というのは大前提なのですが、**ネイビー×ゴールドという配色のレジメンタルストライプもどこかラグジュアリーな印象を出しています。**もちろん、靴やベルトといった革アイテムの素材感の上質さも重要です。

小物アイテムに「高級感」を意識することで、スーツがライトカラーでもコーデ全体が引き締まります。

「ネイビー×ゴールド」のネクタイで
コーデ全体を引き締め上質感アップ

スーツ、シャツ、ネクタイ、
靴／AOKI 参考品

COORDINATE

042

August

ポロシャツも原則さえ守れば ドレスシャツ感覚で着こなせ ジャケパンスタイルにも対応

ネイビーで統一すれば スマートなポロシャツスタイルの完成

ジャケット、ポロシャツ、パンツ／ユニクロ

すでにP90でポロシャツを使ったクールビズスタイルは提案。**台襟つきのポロシャツを選ぶか、ボタンを上まで留める着こなしが大切だと解説しました。**これさえ押さえれば、ジャケットを重ねてもサマになります。

台襟がついたポロシャツはシャツ感覚で着こなせますし、ボタンを上まで留めれば首回りが上品に仕上がるからです。

今回のように**ポロシャツとスラックスの色を揃えれば、一体感が出てスマートな印象が高まりますので、**夏はおすすめです。

Chapter 3

秋コーデ

Fall
COORDINATE

9月 ▸ 11月

043 ▸ 068

落ち着いた印象のコーデで秋をおしゃれに。
クラシックなアイテムや暖色系のポイントで
バランスをとればグッと上品で大人なスタイルが完成。

COORDINATE

043 September

巧妙なネクタイ選びが象徴的。渋さと若さのバランスが抜群な使えるスリーピーススタイル

ここまで話してきたように、「シンプルルール」を守っているなら、ネクタイの柄は案外、なんでも合うんです。感覚的に選んでまったく問題はありませんが、ロジックを応用したほうがうまくいく場合もあります。

たとえば、今回のネクタイはペイズリー調の小紋柄を選んでいますが、柄としてはけっこう渋い印象。その上でダークトーンなどの渋い色を選んでしまうと、**老いた印象になりすぎて本当におじいちゃんのような印象になってしまいます。そこでピンクの入った若さのある色使いでバランスを整えています。**

誤解のないように補足すると、個人的にはペイズリー柄はかなり好きです。ペイズリー柄のネクタイへの愛情はP178で語っていますので、そちらもぜひチェックしてください。

ライトブルーのシャツでさらに若さを取り入れつつ、スリーピースで上品にまとめたコーディネートは全体としてのバランスも絶妙だと思います。

「渋い柄×渋い色」にならないように要注意。
さりげなくピンクを入れるのは
簡単に使えるテクニックです。

スーツ（スリーピース）、
シャツ、ネクタイ、靴
／AOKI 参考品

COORDINATE

044

September

ニットジャケットの質感でさりげなくカジュアルに見せるジャケパンの大人な着崩し

すでに解説してきたように、スーツで使うアイテムは「ツヤ」を持っているドレスなものを選ぶのが原則です。逆にいえば、**そのツヤさえ失わせれば全体の印象はカジュアルダウンできます。**そんなロジックでちょっぴり崩したのが今回のスタイリングです。

ポイントはジャケットで、GUの「ニットジャケットCL」をセレクトしています。ニットジャケットはペラペラだと「仕事できない感」が出てしまうのですが、これは肉感があるので風格があります。合わせたシャツやネクタイはツヤのあるタイプですが、メインのジャケットがニット生地なので柔らかいカジュアルな印象が強くなっています。

つまり、スーツスタイルというよりも**「ネクタイはあるけどカジュアル感のあるウォームビズ」。**すべての要素で崩すのではなく、**生地などの少ない要素のみでカジュアルダウンするとバランスが整います。**こんな自然な着崩しが楽しめてこそ大人ですよね。

肉感のあるニット地をポイントに
ウォームビズをよりおしゃれに！

ジャケット、パンツ、シャツ、
靴／GU
ネクタイ（私物）／ユニクロ

COORDINATE

045

September

デスクワークがメインの日は ネクタイで個性を出して 遊んでみるのもおすすめ

Ｐ18で解説した色柄選びに関する「基本ルール」さえ遵守すれば、ビジネス向けのネクタイからどれを選んでも外れることは絶対にありません。**スーツスタイルの中で唯一、好みなどの感覚で選んだり遊んだりしてもOKなアイテムがネクタイなのです。**

ということで、人と会う予定のないデスクワーク中心の日や、そもそもバックヤード系の職業の人は、ネクタイで個性を入れてみてはいかがでしょうか？ **トライしてみてほしいのがチェック柄。**直線的な柄は基本的にはクールでビジネス感が強いのですが、**チェック柄は華やかな印象が強くなります。**柄が何色かで構成されているなら、華やかな印象はいっそう高まります。パーティーにもマッチする柄ですが、正統派のスーツにも合うのでおすすめです。

ここで選んだのはパープル基調のチェック柄。**ネイビースーツとはブルー系という共通項があり、派手に見えても意外と違和感はないはずです。**

チェック柄の色は自由に選んでいいですが、
スーツの色と同系の色を入れ込むことで、
統一感を出すことができます。

スーツ、シャツ、ネクタイ、
靴／AOKI 参考品

Simple Rule 4

COORDINATE

046

September

ジャケットの先端に当たる着丈のバランスを意識して絶妙のIラインコーデに

ジャケットの着丈の正しいバランスがわかりますか？　後ろ姿だとわかりやすいと思いますが、**お尻が少し見えるくらいが最適です。**

ジャケットの着丈は本当に重要。なぜなら、**ジャケットの先端に当たるので人の目に入りやすいからです。**着丈が長すぎる人をよく見ますが、お尻がすべて隠れるくらいの着丈だとルーズな印象を与えてしまいます。

人の体をきれいに見せてくれるシルエットは基本的に次の３種類です。トップスが細くてボトムスが太い「Aライン」、トップスが太くてボトムスが細い「Yライン」、トップスもボトムスも細い「Iライン」。上下でメリハリを出すか、上下ともスッキリと細めに見せるかですが、ビジネススーツはIラインです。

着丈は関係ないように思えるかもしれませんが、「太い細い」を正確に表すと「ボリュームのあるなし」になります。つまり、**着丈が長いとボリュームが出てバランスが崩れ、ルーズに見えてしまうのです。**

実は見落としがちなポイントですが、
スーツを選ぶ際は、しっかり確認しましょう。

スーツ、シャツ、ネクタイ、
靴／AOKI 参考品

COORDINATE

047

September

クールビズに変化を加えるなら脚が長く見える効果もあるニットスタイルがおすすめ！

環境省が設定したクールビズの期間は5月1日〜9月30日。実は5ヵ月間もあるんです。その間ずっとシャツとスラックスだけで過ごすのも味気ないですし、**本来はバランスがよいとはいえない着こなしでもあります。**そこで、涼しくなってきた9月やまだ肌寒さもある5月などに**バリエーションとして活用してほしいのが「ニットスタイル」です。**

シャツにニットを重ねることで腰位置が隠れ、**シャツとスラックスの分断を防ぐことができ、上下同色のスーツに近いスラッとした印象を生むことができます。**

おすすめのニットはユニクロ史上の最高傑作といえる「エクストラファインメリノ」シリーズです。ウールの中でも最高級の品質で、繊維が細くて柔らかいメリノウールを使用。ハイゲージニットでドレスライクなツヤ感があり、驚異的な費用対効果となっています。**ニットの色はスラックスと揃えて一体感を演出。**遊びすぎずダークな無地モノトーンを基本としましょう。

ブラックの一体感でより引き締まって見え
脚長効果はバツグン。

ニット(私物)、シャツ、パンツ
／ユニクロ
靴／GU

COORDINATE

048

September

グレーがメインカラーのジャケパンスタイルは細部でおじさんっぽさを軽減

チャコールグレーのジャケットにライトグレーのスラックスを合わせたジャケパンスタイルです。**グレーを使ったビジネスコーデは、ともすればおじさんっぽい印象になりがち。**さらにここでは、ザ・スーツカンパニーの少し毛羽感がある生地のジャケットを選んでいます。温かみがあって季節感が出るのが特徴ですが、その反面、おじさんっぽい表情がある、ともいえます。

色も生地感もおじさんっぽいのですが、そんなアイテムでも、それを軽減させることは可能です。**「ソックスとスラックスの色を合わせる」「ツヤ感のある明るめの茶靴で、スラックス、ソックスと明度を近づけ、足元の統一感を出す」「渋いネクタイは選ばない」**などです。そして何より重要なのは、当然**ジャケットとスラックスのサイズ感を間違えないこと。**

一見、着こなすのが難しそうなアイテムでも、本書のルールを細部にまで応用すれば、おしゃれで貫禄あるビジネスコーデとして完成させることができます。

郵便はがき

おそれいりますが切手をおはりください。

102-8519

〈受取人〉

東京都千代田区麹町4−2−6 9F

株式会社 ポプラ社

一般書編集部 行

お名前 (フリガナ)

ご住所 〒 TEL

e-mail

ご記入日 年 月 日

ご愛読ありがとうございます。

読者カード

●ご購入作品名

［　　　　　　　　　　　　　　　　　　　　］

●この本をどこでお知りになりましたか？

1. 書店（書店名　　　　　　　　　　）　2. 新聞広告

3. ネット広告　4. その他（　　　　　　　　　　）

年齢　　歳　　　性別　男・女

ご職業　1.学生（大・高・中・小・その他）　2.会社員　3.公務員

4.教員　5.会社経営　6.自営業　7.主婦　8.その他（　　　）

●ご意見、ご感想などありましたら、是非お聞かせください。

●ご感想を広告等、書籍のPRに使わせていただいてもよろしいですか？

（実名で可・匿名で可・不可）

●このハガキに記載していただいたあなたの個人情報（住所・氏名・電話番号・メールアドレスなど）宛に、今後ポプラ社がご案内やアンケートのお願いをお送りさせていただいてよろしいでしょうか。なお、ご記入がない場合は「いいえ」と判断させていただきます。

（はい・いいえ）

本ハガキで取得させていただきますお客様の個人情報は、以下のガイドラインに基づいて、厳重に取り扱います。

1. お客様より収集させていただいた個人情報は、よりよい出版物、製品、サービスをつくるために編集の参考にさせていただきます。
2. お客様より収集させていただいた個人情報は、厳重に管理いたします。
3. お客様より収集させていただいた個人情報は、お客様の承諾を得た範囲を超えて使用いたしません。
4. お客様より収集させていただいた個人情報は、お客様の許可なく当社、当社関連会社以外の第三者に開示することはありません。
5. お客様から収集させていただいた情報を統計化した情報（購読者の平均年齢など）を第三者に開示することがあります。
6. はがきは、集計後速やかに断裁し、6か月を超えて保有することはありません。

●ご協力ありがとうございました。

表情に落ち着きをもたらす
温かみを備えたウォームビズコーデ

ジャケット、パンツ、シャツ、ネクタイ、靴／ザ・スーツカンパニー

COORDINATE

049 | September

グレースーツ×ピンクのタイは好相性でバランスが整いやすく実はデートにも向いている

みなさんはピンクのネクタイを使っていますか？普段から愛用している人はあまり多くないと思いますが、**グレーのスーツにピンクのネクタイを合わせるとバランスが整いやすいのでおすすめです。**

理屈は以下の通りです。グレーは渋いカラーに大別できるので、おじさんっぽさを払拭することが必要。そこで、**フレッシュな若さのあるピンクをネクタイで取り入れるとコーディネート全体が若返ってバランスが調節できるというわけです。**

また、ピンクは女性らしい柔らかさを感じさせる色なので、一般的に女性に対してはウケがいいかもしれません。さらに、ピンクはビジネス感が薄れるので、仕事の後にデートやイベントがあるならピンク系のネクタイを選ぶという手もあります。

ピンクが入っていると華やかなので、派手すぎないネクタイを選ぶのがおすすめ。今回は、**白とネイビーのラインが落ち着いた印象を与えています。**

ネクタイ単体だと派手に見えますが、
スーツに合わせると思いのほか違和感はないものです。

スーツ、シャツ、ネクタイ、
靴／スーツセレクト

COORDINATE

050 | September

無地に飽きて印象を変えるなら さりげない表情が上品な シャドーストライプのスーツで

スーツの着こなしに慣れたと感じてきたら、マンネリ化していることの裏返しかもしれません。無地のスーツを使った着こなしだけでなく、**ときにはシャドーストライプのスーツにも挑戦してみましょう。**「シャドーストライプ」とは織り柄によるストライプのこと。**凹凸でストライプ柄が描かれているので、柄が悪目立ちせず、無地に近い感覚で着回せるのです。**

今回のコーディネートは引いて見ると全アイテムが無地に見えると思いますが、説明した通りこのスーツセレクトのスーツにはシャドーストライプが入っています。さらに、シャツの生地にも凹凸感があり、ネクタイもシルクにウールが混紡されていて起毛感があります。**無地に見えるのに、すべてのアイテムにそれぞれの表情があるということです。**

無地の次は、**こんなふうにアイテムにかすかな表情を取り入れてみてください。**ハッキリとした柄は、次のおしゃれの段階でチャレンジするのがいいでしょう。

スーツ、シャツ、ネクタイのかすかな柄が
いつもと違う大人な雰囲気をもたらしてくれます。

スーツ、シャツ、ネクタイ、
靴／スーツセレクト

COORDINATE

051 | September

色気や華やかな印象を スーツスタイルに加えたいなら ドット柄のネクタイに頼る

口が酸っぱくなるほど繰り返しますが、スーツやシャツがルール通りならネクタイはなんでも大丈夫。ということで、感覚的に選んでもらって問題ありません。好みや個性を投影してみましょう。

でも急に好みや個性といわれても何を選んでいいのか難しいという場合は、**柄が与える印象の傾向を基準にして選んでください。**

まず、人間は曲線に色気を感じる生き物です。胸やお尻がその代表ですが、首、手首、足首のくびれも曲線ですね。つまり、**曲線をメインとするドット柄は色気があり、華やかさがあります。**

ということで、ここではドットタイで華やかさを取り入れています。「ドット」は水玉模様のことで、その水玉が大きいほど曲線が目立ってより華やか。水玉が小さいと華やかさが目立たないのでビジネスシーンで使いやすくなります。慣れていない人は、**細かいドットで地味めのカラーを選ぶと着けやすいはずです。**

曲線は柔らかく女性的な印象もあります。
女性が多い職場や、日常でリラックス感を与えたいときなどは
曲線の入ったドット柄が好ましいということもいえます。

スーツ(スリーピース)、シャツ、
ネクタイ、靴／AOKI参考品

COORDINATE

052

October

クラシックなグレンチェックのスーツが古臭く見えないようシャープなシルエットで今風に

クラシックなテイストのスーツが好きなので、グレンチェックのスーツは個人的に気に入っています。「グレンチェック」は、小さな格子が集まって大きな格子を構成しているチェック柄のこと。千鳥格子（ハウンドトゥース）とヘアラインストライプが融合した柄なんですが、そういう細かいことは措《お》いて、スコットランド由来のクラシックなチェック柄という点を覚えておいてください。

となると、気をつけなくてはならないのが、**コーデ全体が古臭く見えないようにすること。**

このスーツセレクトのスーツは、ラペルも広めで一見クラシック感が強くなりそうですが、**柄自体はうっすら入っている程度なので、無地のように見えてクラシックさは抑えられています。**絶妙なバランスです。

実は、起毛感のあるスーツやネクタイの表情もクラシック。だからこそ、**シャープなシルエットでモダンに仕上げることが、大切なポイントです。**

柄と素材のクラシックさで落ち着きを与えつつも
スマートさを損なわないモダンコーデ

スーツ、シャツ、ネクタイ、
靴／スーツセレクト

COORDINATE

053

October

意外と知られていない ジレの効果を最大限に活用した こなれ感があるスーツスタイル

このスーツはＡＯＫＩのものですが、実はディテールが小洒落《こじゃれ》ています。まずは、スーツの生地が細かいシャドーチェックで表情があります。**チェック柄はカジュアルな印象になるので避けたほうが無難ですが、これくらいの控えめな柄ならいいでしょう。**

さらに本来はカジュアルな「パッチポケット」（Ｐ１９２）を採用。だからこそ、ジレをプラスしたスリーピーススタイルでドレス感をアップしているわけです。

ジレの効用はかなり高くて、**派手なネクタイの面積を減らすことができるので、バランスを整えることができます。**着用しているスーツの色味が少しくすんでいて渋い印象なのですが、明るいオレンジのネクタイを合わせることで若さをプラス。その一方、**ジレで派手になりすぎないようにバランスを調整しています。**

またジレを使うと、**お腹回りと腰回りが隠せるという効果もあります。**ポッチャリした部分を隠すことができ、脚をスラリと長く感じさせてくれるんです。

ジレスタイルは、ぜひとも取り入れてほしいコーデ術。
いろいろ隠せて（笑）本当に便利です。

スーツ(スリーピース)、シャツ、
ネクタイ、靴／AOKI 参考品

COORDINATE

054

October

黒スーツのフォーマル感を緩和するテクニックとしてピンクを差すのも効果的

色味が薄いペールトーンのシャツは、白いシャツと同じように定番で幅広く使えます。とはいえ、白ではないので、イメージの調整にも役立ちます。

ここでは、**礼服に近いフォーマル感のあるブラックスーツをペールピンクのシャツでビジネス仕様に仕上げているのがポイントです。**実はＰ22でも同じロジックでブラックスーツを着こなしていますが、**今回はシャツがピンクなのでいっそうフォーマル感が弱まっていて、ビジネス感が強まっています。**

華やかでマイルドなピンクの力を高めつつ、色数を増やさず上品にまとめるため、ネクタイもピンクを使った配色で揃えています。チェック柄のネクタイに関してはＰ１０２でも解説していますが、**華があって周囲とかぶりにくいのが特長。**さりげなく個性を演出するのに向いているネクタイです。**ブラックスーツはもろドレスな印象が強いので、こんな柄のネクタイで遊んでも問題なく上品ですね。**

好相性の「ブラック×ピンク」で個性を出しつつも上品な着こなしに

スーツ、シャツ、ネクタイ、
靴／AOKI 参考品

COORDINATE

055

October

ラペルとネクタイの幅を合わせ Vゾーンを整えることで 全体の印象をスッキリ

スーツ、シャツ、ネクタイ／スーツセレクト

スーツでちぐはぐな印象を抱かせてしまう人は、首元がシンプルに整えられていない人が大半。ではどうすればいいかといえば、ラペル（襟）とネクタイの幅を合わせればＯＫ。それだけでＶゾーンが整然とします。

幅の合わせ方は厳密でなくても構いません。細いラペルに太いネクタイは合わせない……そんな程度の感覚で十分です。

目安として、ラペル＆ネクタイ幅の範囲は６～８センチ程度。今回は見た目の印象的に標準的な幅で揃えています。

Simple Rule 5

COORDINATE
056

October

トレンドのワイドラペルで クラシックな印象を出し 重厚で貫禄のある雰囲気に

スーツ、シャツ、ネクタイ／スーツセレクト

ワイド幅を巧みに利用し 重厚感をプラス！

ジャケットのラペルとネクタイの幅を揃えるのが大原則です。さらに、その幅によって印象が大きく変わります。

ここでは**太めの幅を選択**。クラシックな印象が特徴で、最近はワイドなラペルがトレンドです。また、**重厚で落ち着いた雰囲気も魅力**。ボッチャリした体型の印象を貫禄や安心感に変換でき、**対比による小顔効果も望めます**。

一方、ラペル＆ネクタイを細めにするとよりスマートな印象になるので覚えておきましょう。

COORDINATE

057

October

薄手の上質なカーディガンをインナーとして使いこなせば保温性も見栄えもすぐに向上！

10月になるとスーツだけでは肌寒く感じる日も出てきます。そんなときには薄手のカーディガンやニットを足すのが基本。シルエットをあまり変えることなく保温性を高めることができて便利です。

P106ではスラックスと同色のニットを重ねることでスラッとした印象になる効果を解説しています。実は今回のようにジャケットの下にカーディガンを組み込んでも同様の効果が得られます。しかもカーディガンの場合は見え方がジレに近く、定番カラーさえ選べばフォーマルな品格を高めることが可能。スーツと同色にすればスリーピースに近い印象になります。

近年はニット類を差し色として活用したスーツスタイルも人気。その背景として、上質なニット類が低価格で手に入り、気軽に色で遊べるようになったことも大きいでしょう。イチ押しはユニクロの「エクストラファインメリノ」ですが、ここで着ている「リネンブレンド」素材は通気性が高くてさわやかな着心地です。

ニットを入れてもフォーマルさを消さない スリーピース風の上質コーデ

スーツ、カーディガン、シャツ、
ネクタイ（私物）／ユニクロ
靴／GU

COORDINATE

058

October

巻き物をスーツスタイルのアクセントにすることで立体的な表情を生み出した装い

実はスーツスタイルに合わせる小物として、マフラーやストールはかなり有能です。理由は主にふたつ。まず、上品なアクセントとして重宝します。**肩から掛けるだけでアクセントとしてさりげなく主張。立体的な表情が生まれ、上品な印象につながります。**

カシミヤなどの上質な素材を選ぶのも重要。印象を左右する顔の近くに高級感のある生地があると、スーツ姿の全体が高見えしますので、スーツがリーズナブルでも巻き物などの小物に投資すればカバーできます。今回は驚異的なコスパの**ユニクロなのでそこまで高くもありません。**また、**ジレに近づける感覚で巻き物もスーツと同色を選ぶといっそう品よくなります。**

次に、脚長効果もあります。**マフラーやストールは腰の位置を隠すことができるので、境界が曖昧になり、実際よりも脚を長く見せることができるのです。**

巻き物を使った着こなしはP180、P188にもありますので、ぜひともご参考に！

首元に上質な素材を合わせることで高級感が増す冬の外回りコーデ

スーツ、シャツ、ネクタイ、靴／AOKI 参考品
マフラー（私物）／ユニクロ

COORDINATE

059

October

重要な商談に臨む装いは冷静のブルーだけでなく情熱のレッドも組み合わせる

レジメンタルストライプの基本的な特徴については P160で説明していますが、直線的なラインで構成されているため、クールでビジネス感が強いという特徴もあります。したがって、**大切な商談の際などに活用するのもおすすめです。**

実は色使いに関しても気を使っています。パワータイについてはすでにP32、76で解説していますが、赤系の色があることで**「力強さ」**や**「説得力」**を印象づ**けることができるのです。**今回のレジメンタルストライプにも赤系のボルドーが使われていますね。

また、**青系の色は「クール」、「さわやか」、「信頼感」といった印象。**レジメンタルストライプはもちろん、ネイビーのスーツにもそんな効果が望めます。

つまり、**赤と青を組み合わせたレジメンタルストライプのネクタイは、説得力も信頼感も印象づけられるため、商談や交渉には持ってこいというわけです。**

全体の色数を抑えて落ち着かせているのもポイント。

クールな印象のレジメンタルタイにマッチするように、
少し細身のサイズを着ています。

スーツ、シャツ、ネクタイ、
靴／スーツセレクト

COORDINATE

060

October

クルーネックのニットを使って カジュアルだけど品もある こなれたセットアップスタイルに

カーディガンを使ったスーツスタイルはＰ１２４で紹介していますが、こちらは同じニットでもクルーネックニットをインナーとして使っています。

クルーネックとはいわゆる丸首です。もっとも定番的でポピュラーなセーターの首型ですね。シャツの上に重ねる着方もおすすめですが、**今回はよりカジュアルなウォームビズにするためにシャツを省いています。ここで気をつけたいのがネックの深さ。**深すぎると品位が損なわれてしまいます。逆に浅すぎても窮屈に見えてしまいますので、これくらいが的確です。

ネクタイも使っていないのでもっとカジュアルな印象でもおかしくないのですが、**そうなっていないのは定番カラーでまとめているから。ネイビーと白のカラーリングでシンプルに仕上げています。**

また、ニットが無地なのも大きなポイント。ＧＵ「ファインゲージクルーネックセーターＣＬ」は、なめらかな生地感が上品で幅広く使えます。

定番の着こなしといえるので、
カジュアルダウンできる職場の人は
ぜひ挑戦してほしいです。

スーツ、ニット／GU
ブーツ／MB×SPA！

COORDINATE

061

October

オンでもオフでも使える万能なステンカラーコートはビジネスマンの必需品

ビジネス用途の定番アウターとしてまず挙げられるのがステンカラーコートです。スーツの発祥地は英国ですが、ステンカラーコートもルーツは一緒。歴史的に近しいので、合わせたときにも違和感はありません。**スーツに合わせるコートの絶対条件である「ジャケットをしっかり隠す長さの着丈」**を満たしているので、ステンカラーコートを選んでおけば「チョロ見え」は防ぐことができます。

ついでに悪い例を挙げると、ダウンジャケットは丈の短いものが多いので、スーツのジャケットがはみ出している状態をたまに見かけます。これは実にかっこ悪く、スーツの完成度を損なうのでやめましょう。丈の長いスッキリしたダウンコートなら問題ありません。

ステンカラーコートはシンプルな表情も特徴。だからこそ万能で、オンオフ兼用で使えます。**ビジネス用としては黒やネイビーを選んでおけばＯＫ。**ダボダボすぎないサイズを選べば上品に着こなせます。

冬のシーズンに1着は持つべき
スッキリ感を演出するシンプルなコート

スーツ、シャツ、ネクタイ、
靴／AOKI 参考品
コート（私物）／ユニクロ

COORDINATE

062

November

クラシックなアイテムとフレッシュなピンクのシャツで新鮮味のあるスーツスタイルに

ＡＯＫＩのこのスーツは、遠目だとオーソドックスな無地のネイビーにも見えますが、実はグレンチェックが控えめに入っています。また、ネクタイはボルドー基調の小紋柄。どちらもクラシックなテイストなので、**老いた印象にならないように、フレッシュなペールピンクのシャツを合わせてバランスを調整しているのもポイントです。**

逆にいうと、ピンクのシャツを使ってスーツスタイルに新鮮味を与えたいときは、**ほかのアイテムをクラシックなものにすると可愛らしい印象にはならずビジネス感が出ます。**その際も当然、スーツはダークトーン、シャツは白に近いペールトーンというルールは守ってください。

また、**Vゾーンを暖色系でまとめているのも細かなポイント。**肌寒くなっていく時期ですので、見た目の温度をアップする手立てを加えることで、コーディネートに季節感を出すことができます。

ピンクのアイテムは使い勝手がいいので、
ルール遵守でたくさん活用してほしいです。

スーツ、シャツ、ネクタイ、
靴／AOKI 参考品

COORDINATE

063

November

スーツスタイルに合うのは もっともカッチリしていて 格式が高いチェスターコート

ステンカラーコートと並び、ビジネス街で見かけることが多いのがチェスターコート。**もともと格式が高く、ビジネススタイルに合わせやすいコートです。**

スーツとチェスターコートの相性がよいのには理由があります。スーツのテーラードジャケットはもともと、着丈の長い礼服であるモーニングコートの丈を切り落とした簡易服。そして、モーニングコートとチェスターコートの形状はかなり似ています。つまり、**近い関係にあるテーラードジャケットとチェスターコートが合わないわけがないのです。**

チェスターコートはテーラードコートと呼ばれる場合もありますが、フォーマルウェアとしての認識が高いデザイン。このスーツセレクトのコートのように薄手で比較的カジュアルなタイプを選んでも、スーツの上に着て怒られるなんてことはまずありません。やや厚手のチェスターコートを用いた例もP156で紹介していますので、比較しながら参考にしてください。

気軽にはおれてドレス感も演出してくれるスタイリッシュな薄手コート

OTHER

スーツ、シャツ、ネクタイ、
靴、コート／スーツセレクト

COORDINATE

064

November

何も考えずに重ねれば決まる！ニットのアンサンブルを活用したウォームビズスタイル

クールビズスタイルのバリエーションとしてニットを合わせる着こなしをP106で紹介しました。**さらにニットカーディガンを重ねたアンサンブルもウォームビズスタイルとしておすすめです。**

「アンサンブル」という単語は聞き慣れないかもしれませんが、女性の着こなしとしては一般的。もともとはフランス語で「一緒に」などを意味する言葉です。ファッションにおいては同じ生地を使った一対のアイテムを意味し、アウターとインナーのセットを指すことが多くなっています。そしてここでは**ニットカーディガンとニットインナーのセットを指しています。**

セットが決まっているので誰でも簡単に決まるのが魅力。ユニクロの「エクストラファインメリノ」なら同素材のカーディガンとクルーネックニットはもちろん、Vネックニットなども揃えられ、組み合わせが楽しめます。**色を揃え単色にすれば一気にドレスなイメージになり、上品なビジカジが簡単につくれます。**

ダークトーンで揃えれば、
ネイビーでなくてもOK。
簡単にサマになります。

ニットカーディガン(私物)、ニットインナー(私物)、シャツ／ユニクロ
靴／GU

COORDINATE

065 | November

クラシックなスリーピースがワードローブに1着あればコーディネートの幅が広がる

お腹が隠せて腰の位置をぼかせるという意味では色が異なるジレだけを買い足してスーツにプラスするのもおすすめ。ですが、スリーピースが1着あると着こなしの幅が広がって便利だと思います。実は先日、私もお気に入りのスリーピースをあつらえたばかりです。

スリーピースはジャケット、ジレ、スラックスの3アイテムが一体化して境目がボヤけ、スタイルよく見えるのが大きな特徴です。さらにクラシックな品格も高まるので、キチッと決めたいときなどに便利です。

スリーピースの統一感を活かすためには靴までカラーを揃えるのが原則。ネイビーのスーツには黒いレザーのストレートチップを合わせ、足先までひとつながりにするのが正統な着こなしですが、今回はあえて茶色のダブルモンクストラップで少しアレンジを。で**もスリーピースだからこそ、ドレス感はキープできています。**スリーピースやジレに関してはP118でも解説しています。

ラクにドレス感をアップできるスリーピースでときには品格を高めて

OTHER

スーツ(スリーピース)、シャツ、ネクタイ、靴／AOKI 参考品

COORDINATE

066

November

ポイントさえ押さえれば黒いソリッドなネクタイも冠婚葬祭とビジネスで兼用可能

お葬式などで使う黒いネクタイを持て余している人が多いようですが、ビジネスとの兼用も可能です。

黒い無地のネクタイをつけるのが葬儀でのマナーですが、**無地に近い織り柄や単色の柄などが兼用向き。光沢も抑えめだと葬式感は出ませんし、ギリギリ冠婚葬祭でもOKのバランスになります。**１００円均一の黒ネクタイでコストを抑えてもいいですが、兼用ネクタイも活用してみてください！

ここで選んだネクタイはうっすら織りで千鳥格子（ハウンドトゥース）柄が入っています。**シルク製ですが適度にマットで派手な印象はありません。**

お葬式では装飾的な要素はできる限り省くのが原則。ネクタイの結び方はシングルノットかダブルノットでディンプル（窪み《くぼ》）も入れないほうがベターです。

ちなみにフォーマルなパーティーの「ブラックタイ」というドレスコードは「黒い蝶ネクタイを使ったタキシードスタイル」ですので、また別物になります。

兼用アイテムにするなら、
くれぐれも「ナロータイ（極細のもの）」「ニットタイ」など
「冠婚葬祭感」がないものは選ばないように。

スーツ、シャツ／ユニクロ
ネクタイ（私物）／ザ・スーツカンパニー

COORDINATE

067 | November

意外と使える茶色のネクタイは地味になりすぎないようなスーツとシャツを合わせればOK

ブラウンのネクタイを活用していますか？　実は意外と使いやすいカラーなのですが、活用している人は少ないという印象です。**落ち着いたトーンのブラウンや、無地のソリッドなネクタイを選べば、かなりの汎用性で幅広く使えます。**

革靴やベルトはブラウン系が定番なので、同じ色のネクタイが使いやすいというのは当然といえば当然。温かみを感じさせる色なので、秋や冬にはさらに活躍するシーンが増えるはずです。

茶色のソリッドタイは地味なイメージなので、地味になりすぎないようなスーツやシャツを合わせるのがセオリー。このコーディネートでは、**少し色味を感じるライトブルーのシャツと、シャドーストライプが入ったAOKIのネイビースーツを合わせることでさわやかにまとめています。**シャドーストライプのスーツに関してはP112で細かく説明していますので、特徴を把握しておくといいでしょう。

ブラウンカラーを巧みに使った
まとまりあるシックなコーデ

スーツ、シャツ、ネクタイ、
靴／AOKI参考品

COORDINATE

068

November

今すぐ真似すべきコーデとして渋いイメージのグレースーツと赤系ネクタイのセットは好相性

「赤×ネイビー」のレジメンタルがグレースーツにバッチリキマる

スーツ、シャツ、ネクタイ／スーツセレクト

簡単なスーツとタイの色の組み合わせとして、今すぐにでも真似してほしいのが**「渋い色(スーツ)×鮮やかな色(タイ)」**。年齢を問わずおすすめできます。

ここでは、グレーのスーツ(渋い色)×赤系のネクタイ(鮮やかな色) でまとめました。

実際に試してみるとバランスのよさが実感できると思います。

今回はド定番の着こなしにならないように、織り柄の入ったスーツセレクトのスーツを選択し、シャツも、ごく薄いスプライト柄が入ったものをチョイス。

Chapter 4

冬&春コーデ

Winter & New Season
COORDINATE

12月 ▸ 3月

069 ▸ 100

冬はスーツ以外のアイテムを効かせてスタイリッシュに。
コート、マフラー、インナーニット、グローブ……。
さらに3月は基本を押さえつつフレッシュさをプラスして。

COORDINATE

069

December

ワインカラーネクタイに加え ホームスパンのスリーピースで こなれたクラシック感を演出

ボルドーやバーガンディーといったワインカラーは大人っぽくて重厚感のある色です。そんな色味のドットタイを選びつつ、**ホームスパン生地のスリーピースでクラシックな重厚感をさらに高めています。**ホームスパンについてはP192でも触れていますので、チェックしてください。

重厚なクラシック感がいきすぎてマイナスに働かないよう、全体的にシルエットをシャープに仕上げているのもポイント。また、ペールピンクのシャツを合わせることで若々しいイメージもミックスしています。

Vゾーンを派手めの色で構成しても上品にまとまっている理由は3つ。**ワインカラーが色味と落ち着きを兼ね備えているから。**また、**スーツがクラシックなホームスパン生地だから。**さらに、**ジレがVゾーンの面積を削って印象を薄めているからです。**スーツから組み立ててもVゾーンから組み立てても構いませんが、最終的にバランスが整うように意識しましょう。

シルエットをシャープに整えることで
落ち着きがありつつもスタイリッシュな趣に

スーツ(スリーピース)、シャツ、
ネクタイ、靴/ザ・スーツカン
パニー

COORDINATE

070

December

無地のスーツばかりで飽きたらクラシックなウィンドウペーンでトレンドの英国テイストを加味

スーツ、シャツ、ネクタイ、靴／AOKI 参考品

無地のピンクタイでフレッシュさをプラスオン

無地のスーツに飽きたら**控えめなウィンドウペーン柄で差をつけるのもおすすめです。**「ウィンドウペーン」は「窓枠」といった意味。１色かつ同幅のラインで構成され、英国のカントリースタイルでは伝統的なチェック柄です。クラシックな雰囲気は最近のトレンドでもあるのでおすすめです。

スーツがクラシックなので、**シャツやネクタイは若さのある色にしてバランスを調整。**派手に見えがちなピンクも**ソリッドな無地なら上品にまとまります。**

COORDINATE

071

December

ツヤ感とおじさん臭の排除で洗練したジャケパンスタイルをウォームビズの一手に

ツイードを使って着くずせば
ウォームビズの幅が広がる

ジャケット、パンツ、シャツ、ネクタイ、靴／スーツセレクト

ジャケパンスタイルをベースにしたウォームビズです。ニットタイでのカジュアルダウンはP74でも紹介しましたが、基本的な理屈は同じ。**ツヤのないツイードタイで着崩しているのがポイントです。**

さらにパンツもツイード調。ツイードは秋冬っぽい温かみがある反面、おじさんっぽくなりがちです。そこで、**肩パッドや芯地のないアンコンジャケットで「脱おじさん」。**細身のネクタイやパンツもシャープな印象づくりに貢献しています。

COORDINATE

072

December

先端にあって目立つグローブに投資するのは当たり前。コートと色を揃えたレザー製を

首、手首、足首の「3首」に代表される「先端」は、体の中で目立つ部分です。そして、そこに高級素材を配置するとコーディネート全体が高見えします。今回はコートコーデに合わせる形で、**手首に着けるグローブを高級素材にしています。**

イチ押しはレザーグローブ。スーツに合わせるとかなり見栄えしますので、持ってないならちょっと損かも。ポイントは**「値段の高いもの」ではなく、「高級素材」を選ぶというところ。**つまり、レザー製ならOKです。量販店でも十分によいものが揃っています。

注意すべきは色。**コートやスーツと同じ色を選びましょう。**アウターと同色を選ぶことで、手首の境界線がぼやけて一体化し、腕から指先までスッキリとした印象になるからです。

さらにサイズも要注意。大きいとミッキーマウスのようになってしまい。不格好になってしまいます。必ず試着で確認してジャストサイズを選びましょう。

手首の境界線をぼやかせば高級感あふれるコートコーデのでき上がり

スーツ、シャツ、ネクタイ、
靴、手袋／AOKI 参考品
コート（私物）／ユニクロ

COORDINATE

073

December

薄くシンプルでドレッシーな腕時計で品格をプラスしスーツ姿を引き立てる

「Gショック」自体は素晴らしいブランドでありプロダクトですが、**スーツに「Gショック」はNGです。**ドレスなスーツスタイルにスポーツウォッチやアウトドアウォッチの類《たぐい》を合わせ、ラフな印象を与えるのは、やはり避けなければなりません。

最初に選ぶべきなのは、薄くてシンプルなドレスウォッチ。スーツ姿を引き立てるには、**大人っぽい品格が漂っている時計がベストです。**

かといって高級時計がマストではありません。今はクラシックな面持ちの二針時計や三針時計がリーズナブルな価格でも手に入ります。文字盤の中が長針と短針のみだと「二針」、秒針もあると「三針」ですね。

今回セレクトしたダニエルウェリントンやノットなど、機械式の高級時計に見える時計が1〜2万円程度で手に入ります。予算が3万円くらいならスイスのブランド、FHBクラシックもおすすめです。**オフとの兼用は避け、スーツ用の時計を用意しましょう。**

スーツ、シャツ、ネクタイ、
靴／AOKI 参考品
時計／ダニエルウェリントン

主張しないドレスウォッチが
毎日のスーツスタイルを格上げ

COORDINATE

074 December

上質なチェスターコートがあれば冬のビジネスシーンでも品格を保ったまま温かくできる

チェスターコートの特徴はP136で解説していますが、**定番だからこそ素材が肝心。**これはユニクロの「ウールカシミヤチェスターコート」。カシミヤ混の上質感、クセのないシルエット、バリューな価格が揃った名作中の名作です。

最近はほかのブランドでもリーズナブルな価格のものが増加。チェスターコートは人気が続いているため、生産数が見込めて価格も抑えられているのです。

上質なチェスターコートは使えるシーンも幅広く、デニムやスニーカーなどで着崩せばオフでも着用できます。費用対効果としても悪くない買い物です。

スーツはもちろん、ジャケパンとも好相性。使い回ししやすいチェスターコートは黒、グレー、ネイビーの定番カラーですが、変化がほしいときにはこんなブラウンもおすすめ。**2月中旬あたりからは春のムードを先取りする色としても使えます。**ただし、**明るいトーンは質感が目立つので上質な1着を選びましょう!**

ブラウンを選ぶことで、真っ黒なコートだらけの中、
少し目を引く都会的な印象をつくることができます。

スーツ、シャツ、ネクタイ(私物)、コート(私物)／ユニクロ
靴／GU

COORDINATE

075

December

インナータートルを活用すれば温かくてフォーマル感のあるウォームビズが簡単につくれる

ヨーロッパの人はインナータートルを使った着こなしが大好き。防寒性が高まるのはもちろんですが、フォーマルで大人びた印象をプラスできるのが大きな魅力です。**ネクタイ、スカーフ、ストールといった首元に巻く小物はフォーマル感を足してくれますが、インナータートルも同様の効果があるのです。**つまり、温かくて上品なウォームビズが簡単に築けます。

インナーだけに薄手のアイテムが向いているのですが、ユニクロの「ヒートテックタートルネックT」が適任。わずか数百円なので費用対効果は抜群です。

しかも**インナータートルには地味な印象を消してくれるという効果もあり、「脱ベーシック」が簡単。**首元に立体感を出してくれる効果はP166で解説しています。また、タートルネックとその上に重ねるカーディガンやニットを同色にすると、P138で紹介したアンサンブルに近い効果も。ここでは、**シャツと同じ感覚でフォーマルな白を選んでいます。**

シャツに飽きたらこんなふうに
タートルネックをレイヤードしてみましょう。
ちゃんと襟に高さがあれば
カジュアルにはならずドレス感をキープできます。

ニット（私物）、インナー（私物）、
パンツ／ユニクロ
ブーツ／MB×SPA！

COORDINATE

076

December

色鮮やかで種類も豊富なレジメンタルストライプは細めのネイビー基調が狙い目

比較的シンプルなレジメンタルストライプのネクタイをアクセントとして効かせた装いです。小紋やドットに比べ、**一般的で人気が高いのが「レジメンタルストライプ」。**改めて説明すると、英国の連隊旗が起源といわれる柄で、斜め方向の縞模様が特徴です。日本ではネクタイの定番柄で、ラインの太さや本数、配色など、さまざまなタイプがリリースされています。

ネクタイの定番柄ということで、基本的にはどんなレジメンタルストライプを選んでも大丈夫ですが、**色数は少なく、色彩は抑えめにしたほうが品よくまとまるのはいうまでもありません。**

また今回のような、**スーツの王道であるネイビーを使ったレジメンタルストライプがもっとも使いやすいタイプ。**さらに、ネクタイの幅が細いナロータイのほうが面積も小さくなるため、柄の主張は抑えられます。

もっとも使いやすいレジメンタルストライプのタイを使った基本の着こなしは、ぜひ覚えておきましょう。

お店では種類も多く、迷いがちなレジメンタルタイ。2色使いでダークトーンの入ったものを選べば、まず問題なし。

スーツ、シャツ、ネクタイ、靴／スーツセレクト

COORDINATE

077

January

寒々しい印象を与えそうなダークトーンの着こなしは暖色系のピンクシャツで解決

本来、スーツスタイルにおいて寒色とか暖色とかはあまり気にする必要はありませんが、**真冬にあまりにも寒々しいコーディネートになるのもどうかと思うので、バランスを整える意識は大事です。**

このコーディネートは、ＡＯＫＩのスーツがダークネイビー、ペイズリー調の小紋柄ネクタイもダークトーンということで、少しクールで引き締まった印象です。それが寒々しいイメージにつながりかねないので、シャツは暖色系のペールピンクを選んでいます。当然、**ピンクといっても白に近い淡い色味なので、かすかに温かみを足した程度ですが、それでも寒々しいイメージが十分に回避できます。**

色の話で基本的なテクニックを補足すると、ダークトーンのネイビースーツなので靴下も革靴も明るさが近い黒を選んでいます。そうすることでスーツから足先までがひとつながりになり、スマートなイメージをつくり出しています。Ｐ１８６もご参考に！

ワードローブに1着は備えたい ペールピンクの温かみのあるシャツ

スーツ、シャツ、ネクタイ、
靴／AOKI 参考品

COORDINATE

078

January

大人なムード満点なのにアクセントとしても有用なワインカラーを使わないと損

暖色系の中でも大人っぽい色としてカテゴライズできるワインカラーを使いこなせると便利です。落ち着きがあるのにアクセントにもなるというバランスがワインカラーの魅力。ボルドーやバーガンディーといったカラーはスーツスタイルの定番でもあるので、合わせやすさも持ち合わせています。

個人的には、**ワインカラーと明るさが近くて相性のいいゴールドを時計などで取り入れるのが気に入っています。**高級感が出てコーディネート全体をいっそう大人っぽく見せることができるからです。

さらにここでは、**ブラックのスーツもライトブルーのシャツも細めのストライプ柄で揃え、シャープなニュアンスを演出しています。**ストライプの種類やピッチ幅は異なっていますが、**だからこそ立体感を損なうことなく一体感もあるという絶妙なバランス。**当然、ルールの通りソックスやシューズはスーツと同じ黒で一体化させ、スラッとした印象に仕上げています。

ワインカラーの魅力で落ち着きある大人な雰囲気に

スーツ、シャツ、ネクタイ、靴／AOKI 参考品

COORDINATE

079

January

真冬のジャケパンスタイルは タートルネックニットで 立体感を出して上品に

スーツでもジャケパンスタイルでも、トップスはテーラードジャケット。その襟は寝ていますので、インナーの首元が無策のままだと平坦でのっぺりした印象になりがちです。

冬のジャケパンスタイルで、それを解消するには、高さのあるタートルネックニットを合わせて立体感を出すのが正解。上品な印象を演出するためには、ニットのネップ感（Ｐ１９２）や色彩を抑えつつ、全身をダークトーンやモノトーンでまとめるのがおすすめです。今回はジャケットとスラックスをダークトーンにすることでドレスに仕上げています。

糸が細くてツヤのあるハイゲージニットのほうがドレスな印象ですが、保温性を優先して少し厚手を選んでも問題はなし。シンプルで品のいい無地が基本ですが、主張しすぎないこんなケーブル柄なら許容範囲です。装飾的な編み柄で物足りなさも払拭できます。

タートルネックニットの活用はＰ１８８も参考に！

タートルネックの色味として、
ほかにはダークグリーンとかキャメルとか、
比較的暗めの色を入れてあげると自然と溶け込みます。

ジャケット、パンツ、ニット、
靴／スーツセレクト

COORDINATE

080

January

クラシックなジャケパンは
オレンジのネクタイを差して
新鮮味をプラスするのが正解

ウィンドウペーン柄に加え、起毛感のある生地を使っているジャケットはクラシックなテイスト。だからこそ、無策だとおじさん臭くなりかねません。おじさん臭を緩和するためには、**少しビビッドで明るめのカラーを差すのが特効薬。**ここでは、オレンジのネクタイを選んでいます。

ウィンドウペーンのスーツは、色の数が少なくて主張が強すぎないタイプを選ぶとジャケパンスタイルでも使いやすくなります。実際、ここで使っているジャケットはスーツからの流用。ウィンドウペーンの特徴はＰ１５０でも紹介していますので、取り入れて組み合わせの幅を広げてください。

ジャケパンスタイルに話を戻すと、**上下の明るさを揃えると違和感なくまとまるので意識してみてください。**今回はスーツではありませんが、上下をダークトーンでまとめ、白かそれに近いシャツを合わせるのが原則なのはジャケパンスタイルでも一緒です。

逆にいうと、明るめで主張強めの
ネクタイをつけたいときは
クラシックなテイストのスーツを着れば、
バランス的にまとまる、ということです。

ジャケット、パンツ、シャツ、
ネクタイ、靴／ザ・スーツカ
ンパニー

COORDINATE

081

January

ルーツはビジネス用途？そう思えるほどスーツに合うキルティングジャケット

ビジネス用途のコートの中で、ルーツがスーツと同じではないのに**人気がある異色の存在がキルティングジャケット。**チェスターコートやステンカラーコートと比べるとカジュアルな印象ですが、丸の内でもビジネスマンの多くが使っています。その理由は、防寒性の高い中綿入りの仕様とはいえ、ダウンジャケットとは違ってモコモコ感が少なく、**着丈が長いので中に着たジャケットの裾がチョロ見えしないから。**襟つきの**ドレスライクな表情もスーツにマッチします。**

今回着ているラベンハムは英国メイドの名門で、もともとは乗馬用だったキルティングジャケットが一般的に使われるようになりました。アーガイルチェックを連想させる英国らしいモチーフのダイヤモンドキルトも上品。**何より細身でスタイリッシュなので、スーツに合わせても違和感がなく、よく合うんです。**

今回のようにスーツと同系色でまとめるといっそう品よく着こなすことができます。

ラベンハムのいいところは「高い耐久性」。
水も汚れも弾いてくれるしケアも楽チン。
日常ヘビーユースしなくてはいけないコートだけに、
これは助かります。

スーツ、シャツ、ネクタイ、
靴／AOKI 参考品
キルティングジャケット
／ラベンハム

COORDINATE

082

January

フレッシュで温かみもある オレンジのネクタイを 冬に使わない手はない

オレンジは暖色系のカラーなので温かいイメージ。さらに果物を連想させるフレッシュな印象も兼ね備えているめずらしいカラーです。明るすぎず少し落ち着きのあるこのネクタイのようなオレンジなら、着けやすさも備えていて非常に便利です。

コーディネートを見るとわかる通り、深みのあるオレンジのネクタイは、ベルトやモンクストラップシューズの茶色に近い印象です。つまり、小物類と連携させることができ、それが上品な印象にもつながります。

茶色に近いカラーだからこそ、このオレンジのネクタイはクラシックなウィンドウペーン柄のスーツともマッチしています。

ちなみに、合わせているシャツはライトグレーのホリゾンタルカラー。襟先が開いているのでVゾーンがたくましく映り、上半身を立体的で男らしく見せてくれます。その効果を、アクセントとなっているオレンジのタイが高めている点も見逃さないでください。

パッと見、コーデ全体が2色なので
浮ついていないビジネススタイルが構築できます。

スーツ、シャツ、ネクタイ、
靴／ AOKI 参考品

COORDINATE

083

January

インナーダウンを活用するなら コーディネートになじませて クールなスリーピーススタイルに

最近はスーツのジャケットの中にインナーダウンを合わせる人が増えてきました。本来はドレスな完成形であるスーツスタイルを崩してしまう行為なので、フォーマルな場では絶対ＮＧ。ただし、ビジネスシーンでは許容するしかないほど市民権を得ています。実際、**ユニクロの「ウルトラライトダウンコンパクトＶネックベスト」もネックが深く調節できる２ＷＡＹに進化。**Ｖゾーンを邪魔することなくスーツに合わせられますので、愛用者はいっそう増えたでしょう。

インナーダウンをビジネススタイルに合わせる際は、ブランドのタグや素材感などからアウトドアテイストがにじみ出ているタイプはＮＧ。さらに、なるべく目立たないようにするのがおすすめ。**基本的にはジャケットと色を合わせてください。**同色でなくても近いものを。色で遊ぶとカジュアルになってしまうので要注意です。**まるで「スリーピーススーツ」のように見えるコーディネートがイチ押しです。**

ユニクロの進化系ダウンベストで寒さに負けないシュッとしたスタイルに

スーツ、ダウンベスト(私物)、シャツ、ネクタイ(私物)／ユニクロ
ブーツ／MB×SPA！

COORDINATE

084

January

実はスーツスタイルとも好相性なサイドゴアブーツで足元の防寒性と新鮮味をアップ

スーツに合わせるべき靴はＰ46で説明している通りです。ただし、気温や天候によってはブーツでもいいでしょう。ビジネスシーンはフォーマルな場ではないので、ブーツでも問題はありません。

むしろブーツは靴下がチラ見えするという事態を防げるメリットもあります。とはいえ、高さがありすぎてもＮＧで、**アンクル丈くらいが適正です。**また、筒部分の幅が広いとパンツの裾に引っ掛かってしまうので、**筒が細身のタイプを選ぶことも鉄則です。**

靴のルール通り、ブーツも黒いレザー製が基本。ただし、**あまりにチープな質感でない限り、用途に合わせて合皮などを選んでも構いません。**

実はこのブーツも合皮。足元をスラリと見せてくれるロングノーズの細身なフォルムにこだわった防水仕様の「ＭＢブーツ」です。ＺＯＺＯＳＵＩＴを退けて1位になるほどの人気で即完売したのですが、再生産をすることもあるので見つけたらぜひご購入を（笑）。

このくらい細身のフォルムであれば
スラックスのシルエットは
グッときれいに秀でて見えます。

スーツ、シャツ／GU
ネクタイ（私物）／ユニクロ
ブーツ／MB×SPA！

COORDINATE

085

February

大人っぽいアクセントになって周囲との差別化までできるペイズリー柄のネクタイが好み

ペイズリー柄のネクタイがけっこう好きです。一般的にあまり選ばれない柄ですし、使っている人は多くないと思うのですが、**だからこそほかの人と差別化ができてスーツスタイルの味つけになります。**

アクセントになりながら、渋めの色気があり、しかも意外と使いやすいのがペイズリー柄。スーツの販売をしていた頃にペイズリー柄のネクタイをおすすめすると最初は不安がる方が多かったのですが、実際に合わせてあげると納得される方が多かったものです。魅力や使いやすさにもっと気づいてほしいですね。

ペイズリーの中でも、色数が少なめの落ち着いた柄を選ぶとネクタイとして使いやすくなります。今回はザ・スーツカンパニーのものですが、ネイビーがベースで落ち着いた印象。それでも十分な味つけになります。

ちなみにパーティーなどでは、白の無地に見えるけど実は織りでペイズリー柄が入っているようなネクタイを好んで使っています。

ペイズリー柄のネクタイは、
単体で見ると抵抗あるのは理解できますが
ぜひ試してみてください。
案外サマになるはずですよ。

スーツ(スリーピース)、シャツ、
ネクタイ、靴／ザ・スーツカン
パニー

COORDINATE

086

February

キルティングジャケットと巻き物をセット使いすれば冬のスーツスタイルが一気に上品に

寒さが厳しくなると、保温能力を優先してダウンジャケットに頼りたくなりますが、スーツスタイルならではのドレスな印象を活かすなら、**薄手で比較的スッキリした印象を与えるキルティングジャケットまでに留めておいてほしいものです。**

また、着こなしのちょっとした工夫で保温性を高めることもできます。それは首に巻き物を足すという方法です。使い方はシンプルで、ドレスなマフラーやストールを選んでショール感覚で首から垂らすだけ。**スーツやコートに近い色でスタイリングに溶け込ませれば、派手すぎず地味すぎない絶妙なアクセントとして効いてくれます。**

巻き物の素材はカシミヤなどの上質なものが絶対。ブランドは問いませんので、ドレス感のある素材を選ぶことが重要です。巻き物を足すことで**コーディネート全体に立体感が生まれスーツスタイルをいっそう上品に仕上げてくれるという効果も望めます。**

全体のドレス感を向上させる ストールの小技が効いた冬コーデ

スーツ、シャツ、ネクタイ、
靴／AOKI 参考品
キルティングジャケット
／ラベンハム
マフラー（私物）／ユニクロ

COORDINATE

087

February

クッションをつけずに裾をきれいに見せることができれば全体の印象が最速でスマートに！

ここで注目してほしいのは足元。シワがまったくありませんよね？　だからこそキマッて見えるんです。

実は山手線に何度も乗り、サラリーマンを徹底的に観察したことがあります。**かっこ悪いスーツ姿のほとんどはパンツの裾に「クッション」が入っていました。**

クッションとは、スラックスの裾が靴に掛かってシワができている状態のこと。裾が靴に当たって一折りするくらいがワンクッション。裾が靴の甲にちょうど触れるくらいで、動くとソックスがわずかに見えるかどうかという状態ならハーフクッション。裾が靴の甲に当たらないのがノークッションです。

これまではワンクッションが最適だと信じられてきました。しかし、私のおすすめはノークッションです。その理由は簡単。**クッションがシワを生んでドレス感を損なってしまうから。**靴下が見えないことを重視するとしても、せめてハーフクッションにしましょう。**目につく先端部分なので、印象は大きく変わります。**

グッチのスーツでもゼニアのスーツでも
丈にクッションがつきすぎているなら
普通のスーツのほうがカッコいい、のです。

スーツ、シャツ、ネクタイ、
靴／AOKI 参考品

COORDINATE

088

February

パンツの裾で悩むのは不毛。シングルもダブルも正解なので自分の好みで選んで問題なし

スーツを買う際に選ばなければならないディテールのひとつにパンツの裾があります。でも、**シングルかダブルかで悩む必要はありません。**結論からいってしまうと、**裾の仕様はどちらでもいいんです。**

個人的な好みでいうと、**私は足元がよりスマートに見えるシングル。**今回もシングルのパンツを選んで着こなしていますが、**スーツスタイルをエレガントに見せるならフォーマル由来のシングルがおすすめです。**

ただしシングルは、生地が薄いと裾がクシャッとしがち。折り返すことで先端に重さが出て、裾がストンと落ちるダブルのほうがいい場合もあります。**シワを防ぐという意味では、ダブルのほうがいいでしょう。**

ダブルの裾はクラシックな印象が演出できるという特徴もあります。また、英国貴族がハンティングなどの野外活動で裾をまくり上げたのがダブルの起源という説も。その意味では、活動的に外回りする営業マンにはダブルの裾が合っているかもしれませんね。

エレガントに見せるならシングルでも、シワを防ぐならダブルも効果的

▶ POINT

スーツ、シャツ、ネクタイ、靴／スーツセレクト

COORDINATE

089

February

スラックスと靴の間の境界線をボカしてくれる中間色のソックスで脚長に

スーツスタイルにおけるソックスは、肌着や下着。基本的に見えてはいけません。しかし、スラックスの裾丈はハーフクッションかノークッション。そうなると靴下を絶対に見せないのは不可能。見せてはいけないけど見えてしまうというやっかいな存在なのです。

それでも解決は可能。チラッと見えても目立たない色、つまり「スラックスと靴の中間色」を選べばいいのです。目的はスラックス、靴下、靴をひとつながりにすること。脚長な印象が生まれ、大人っぽくて美しいスーツスタイルが演出できるからです。

スーツがグレーで靴がブラウンなら靴下はチャコールグレー、ネイビーと黒ならソックスはネイビー、スーツも靴も黒なら靴下も黒。パンツと靴が同色なら、ソックスも同色でOKです。要は、ビジネススタイル用のソックスは黒、ネイビー、チャコールグレーの3色さえ用意すれば困ることはありません。そこから「パンツと靴の中間色」に近いものを選びましょう。

ソックスは3色あればOK
些細なテクだが脚長効果は絶大

▶ POINT

スーツ、シャツ、
ネクタイ、靴
／AOKI 参考品

COORDINATE

090

February

真冬のウォームビズはストールを「疑似ネクタイ」にすると多くの効果が生まれる

ジャケパンスタイルにタートルネックニットを合わせたコーディネートはP166で解説していますが、こちらはスーツを使ったウォームビズスタイルです。ベースに変わりはありませんが、**スーツなので上下に統一感があり、より上品な印象ですね。**

その一方、変化が少ないので物足りなさを感じてしまう方もいるでしょう。そんなときには、味つけとしてストールを巻くのがおすすめ。**Vゾーンに立体感を構築でき、物足りなさが解消されます。**

さらに今回のようにネクタイ風に巻けば、**体の中心に縦のラインが生まれ、引き締め効果が発揮されて体型をきれいに見せてくれます。**しかも、腰の位置が微妙にごまかされるので脚長効果もありますね。

ちなみに、使っているのはユニクロの「カシミヤビッグストール」です。**低価格の割にカシミヤ100％でドレスな上質感がたっぷり。**肌触りがいいのでがっつり巻いて、防寒用として活用するのもおすすめです。

装飾性がプラスされ地味な印象も消し飛ぶ
冬の屋外スタイルの提案

スーツ、ニット、靴／スーツセレクト
ストール(私物)／ユニクロ

COORDINATE

091

February

クラシックな印象の大柄なウィンドウペーンスーツを活かした巧妙な着こなし

今回のコーディネートはウィンドウペーン柄のスーツがポイント。ウィンドウペーンはクラシックな印象で、スーツを高見えさせてくれる柄です。最近は大柄がトレンドですが、**これよりも柄が大きくなるとカジュアルな印象にもつながりますので、これくらいが大柄の上限と覚えておきましょう。**

このザ・スーツカンパニーのスーツは生地に起毛感があるのも特徴的。その表情でさらに高級に見えますね。さらにクラシック感を高めて上品さを出すため、**ここではべっ甲柄の丸メガネを合わせています。**

Vゾーンでバランスを整えているのもこの着こなしのポイントです。まずは落ち着きのあるクラシックなボルドー系のネクタイをセレクト。その一方、重厚になりすぎるのを、軽快な白いシャツで緩和しています。

クラシックな印象が魅力のウィンドウペーンだからこそ、**ジャストなサイズ感をいっそう意識。**全体としてモダンな印象になるようにケアしてください。

ウィンドウペーンのスーツを選ぶ際の注意点2点。
①薄い柄にする。②大きすぎない柄にする。

スーツ、シャツ、ネクタイ、
靴／ザ・スーツカンパニー

COORDINATE

092

February

カジュアルなスーツを活用しさりげなく着崩しを行ったウォームビズスタイル応用編

このスーツは少しカジュアルな仕様が独特。もっとも特徴的なのがホームスパン調の生地です。「ホームスパン」はツイードの一種で、粗野でざっくりしている上に、ネップ（毛玉状のツブツブ）もあるので表情が豊か。温かみを感じさせる生地で、スーツに用いるとカジュアルな印象になります。

勘のいい人なら気づいていると思いますが、上記の理由からホームスパンやそれに近い生地のスーツはウォームビズに最適。**シンプルに着こなすだけで無造作なカジュアルダウンが自動的に実現します。**

ここではネクタイも質感の近いツイード生地を選択。そのため、スーツにネクタイを締めた着こなしですが、**素材感でかなり着崩しているという図式です。**スーツのパッチポケットもカジュアル感を上乗せ。パッチポケットとは、ポケットが表側に出ているワークスタイルなどの仕様です。**クリーンな白シャツと品格ある小物で大人っぽいバランスに整えています。**

「素材感をカジュアルダウン」＝「ウォームビズの完成」。

スーツ、シャツ、ネクタイ、
靴／スーツセレクト

COORDINATE

093

March

クリーンで高見えする「ネイビー×ゴールド」はクラシックな黄金コンビ

カジュアルなスタイリングにおいてアクセサリー以外でゴールドを使う機会は少ないと思いますが、スーツスタイルのネクタイに関してはゴールドを多用すべきです。**高級感があってスーツスタイルをクラスアップしてくれる効果が望めるからです。**

ただしアクセサリーと同じで、着け方によっておじさんっぽいイメージに陥ってしまいます。その点だけは気をつけてゴールドのネクタイを活用してください。

もっともおすすめの着こなしは、**クリーンなネイビーのスーツとの組み合わせ。**クラシックなカラーリングでもありますので着こなすのも難しくないはずです。

さらに今回は、ライトブルーがベースのクレリックシャツを合わせることで、いっそう清潔な印象に導いています。**ネクタイのレジメンタルストライプにネイビーが使われているため、スーツやシャツと難なくなじみ、**デキるビジネスマン風のコーディネートに仕上がっています。

ワイドカラーのシャツによって、
ネクタイがいっそう際立ち、
全体の高級感を強めています。

スーツ、シャツ、ネクタイ、
靴／スーツセレクト
時計／ダニエルウェリントン
ブリーフケース／MB×SPA！

COORDINATE

094

March

ネクタイの結び方は「セミウィンザーノット」さえマスターしておけばOK

スーツを着るのが苦手という人の中には、**ネクタイを結ぶのが苦手という人も多いようです。**しかもネクタイの結び方はいくつかあります。どれで結べばよいのかわからない状況も苦手意識につながりますよね。

でも、安心してください。**スーツに合わせるネクタイの結び方は「セミウィンザーノット」さえ覚えておけば大丈夫。**「ノット」は結び目のことですが、その大きさが丁度よく、左右対称できれいに仕上がりやすいのが利点です。結び方の手順はウェブで動画などを見てもらったほうがわかりやすいので、スマホなどで検索してチェックしてみてください。

結ぶ際に「ディンプル」と呼ばれる窪みを入れるのがポイント。見た目が美しく、こなれた印象も生まれます。旬なラペル幅に合わせてノットの大きさも変わるのですが、**セミウィンザーノットならチグハグに見えずオールマイティー。**この装いのバランスをお手本に、セミウィンザーノットをマスターしてください！

さりげないディンプル（窪み）が スーツに美しさを運んでくれる

▶POINT

スーツ、シャツ、ネクタイ、
靴／スーツセレクト

COORDINATE

095

March

服装が与える第一印象を意識。明るいブルーを効かせて面接に有効なスーツスタイルに

就職活動や転職活動でスーツを着て面接に臨む人も多いと思いますので、第一印象のよいスーツスタイルを解説します。

今回のポイントは明るいブルーが入ったネクタイです。色彩心理学などを信奉しているわけではありませんが、統計的に色が与える印象は小さくないと感じていますので、それを活用しない手はないでしょう。**明るいブルーはクリーンなさわやかさを印象づけてくれますので、**ネクタイで採用してみてください。

全体としてはオーセンティックな印象を与えたほうがいいので、ネクタイの柄はレジメンタルストライプ。スーツも正統派のネイビーで、精悍かつ誠実なイメージを与えるのも狙いです。また、靴は黒のストレートチップ、時計はシンプルな2針タイプです。

ちなみに、私は人生において面接を百発百中で通っています。どんな質問も自己PRとして打ち返すように心掛けるのが成功の秘訣《ひけつ》ですよ。

百発百中で面接合格!?
好印象のオーセンティックコーデ

スーツ、シャツ、ネクタイ、
靴／AOKI 参考品
時計／ダニエルウェリントン

Simple Rule 6

COORDINATE

096

March

視線を集める袖先をバランスよく清潔にすることで第一印象は劇的にアップする！

スーツのコーディネートを見たとき、最初どこへ視線がいきますか？　**ジャケットの袖先やパンツの裾先ではないでしょうか。**少なくとも印象には残っているはずです。それだけ先端部分が大切。ここでは特に袖先について解説します。

重要なのは袖丈。腕を自然に下ろし、手のひらを地面と平行となるように曲げればチェックできます。袖口が手の甲に触れるかどうかの袖丈がちょうどいいといわれています。また、指先を床に向けた状態で親指の先端から9〜12センチ上にジャケットの袖先がくるのもいいバランスとされています。多少の個人差はありますが、目安として覚えましょう。

シャツとのバランスも大切。**ジャケットの袖口からシャツが1・5センチくらい見えていると適正です。**また、爪が伸びていたらすぐに切りましょう。黒ずんでいたらお手入れも必要。清潔感のある爪にすることも、袖先を整える上で欠かせないポイントです。

スーツの袖から覗くシャツは
「短すぎず長すぎず」がいいバランス。

スーツ(スリーピース)、
シャツ、ネクタイ、靴
／AOKI 参考品

COORDINATE

097

March

顔に違和感のないメガネを選んで凹凸を生み出しながら知性や清潔感をプラスする

顔は誰もが注目する場所なので、アイウェアをかけることで印象が一変。目の大きさや眉毛の形などがごまかせますし、顔の輪郭も目立ちにくくなります。**何より「知的」や「清潔」といった印象付けも可能です。**「メガネが似合わない」という人がいますが、**大半は思い込み。**違和感のないメガネを選べば解決です。十分に印象は変わりますし、その変化を楽しみましょう。

具体的には、ウェリントン型やスクエア型といった形状より、**主張の少ない細めのフレームを選ぶことが大切。**同じ太さでも肌の色に近い茶色は違和感が和らぎます。**メガネのない状態に近づければいいのです。**

前髪を上げると日本人的な彫りの浅さが露呈しますので、**メガネで凹凸をつけて疑似的な彫りを与えるのがおすすめ。**地味顔対策に加え、力強さも演出できます。

ちなみにかけているのはユニクロ製。予算が少ない場合はフレームをユニクロで調達し、ほかのメガネショップで度入りレンズに替えるというウラ技もあります。

BROWN

スーツ、シャツ、ネクタイ(私物)、アイウェア／ユニクロ

BLACK

▶ POINT

ブラウンカラーは右記で述べた通り肌の色に近く、違和感が少ない。ただし、その分収縮感が少ないので小顔効果にはやや欠けます。またなじむ分、当然インパクトは出ません。他方ブラックは肌の色と異なるため、違和感がやや多い。少し浮いた印象があります。メガネに慣れていない人はちょっと抵抗を覚えることがあるかも。ただしその分インパクトがあり顔の印象はかなり変わります。また収縮感も強いので小顔効果も強め。引き締まった印象があります。ブラウンをベースにしつつも、ブラックを活用するのも手です。

COORDINATE

098

March

初対面では好印象を与えられる ライトグリーンを活用しつつ すぐに打ち解けるように意識を

スーツ、シャツ、ネクタイ、靴／スーツセレクト

全体を爽快なライトトーンでまとめ 誠実さと打ち解けやすさを醸し出す

初対面の人に会うときは柔らかい雰囲気で打ち解けやすいムードをつくるのも大切です。**取り入れたいのは柔らかい印象が与えられるグリーンのネクタイ。**明るいピンクもソフトなイメージですが、女性的な柔らかさを連想しがちなので、**やや明るめのグリーンがイチ押しです。**

今回は、シャツでライトブルーを取り入れているのもポイント。やはりさわやかさをつくるのに重宝します。さらに**グレーのスーツも少し明るめにして爽快な印象を高めています。**

COORDINATE

099

March

クールなのに春らしい印象のラベンダーを組み込んだ品のある好印象コーデ

アクセントを融合させた「品格&抜け感」コーデ

スーツ(スリーピース)、シャツ、ネクタイ、靴／AOKI参考品

寒色なのに春らしい温かさも感じさせる「ラベンダー」のネクタイを効かせました。

ネクタイを引き立ててくれているネイビーのスーツにも実は個性があり、細かいチェック柄入り。**ただし控えめな柄なのでカジュアルになりすぎず、こなれた雰囲気を醸しています。**

ジャケットのパッチポケットは本来カジュアルなディテールですが、スリーピースなのでクラシックな印象。**品格があるのに抜け感もある……そんなバランスが実は巧妙なんです。**

COORDINATE

100

March

インスタントなテクニックをたった３つ駆使するだけでオンの装いもパーティー仕様に

普段のジャケパンも小技でパーティー感アップ

ジャケット、パンツ、ジレ、シャツ、ネクタイ、靴、チーフ／ザ・スーツカンパニー

パーティー仕様のスーツスタイルはＰ64で披露済みですが、こちらはジャケパン。簡単な３つの技でアレンジしています。

まずは、ポケットチーフ。白が王道ですが、慣れてきたらネクタイから１色拾ってチーフと色を合わせてもOK。挿し方はいろいろありますが、私は簡単なクラッシュドが多いですね。

ジレもポイント。ジャケパンもフォーマルに映ります。

最後は華やかなネクタイ。ジレで隠れて面積が狭まる分、主張あるタイプを選びましょう。

INFORMATION

本書ではスーツコーディネートに関して取り上げておりますが、毎週日曜配信の私の大人気メルマガ「【最も早くオシャレになる方法】現役メンズバイヤーが伝える　洋服の着こなし＆コーディネート診断」ではスーツからカジュアルシーンまであらゆる洋服の悩みをサポートいたします。
ユニクロやGUなどの全国どこでも手にはいる量販店の洋服でおしゃれになれるメルマガ、しかも「何故おしゃれになるのか」といった論理的な理由を毎週なんと5万文字超の文量でお届けしています。毎月540円（税込）で月間20万文字以上、画像もたっぷり入り、おすすめアイテムも盛り沢山、論理的・科学的に理解できる内容で最早雑誌は必要ありません。

登録は下記URLか「MB」で検索してみてください。お待ちしております。

https://www.mag2.com/m/0001622754.html

MB（エムビー）
ファッションバイヤー、ファッションアドバイザー、ブロガー。2012年12月にWEBサイト「現役メンズバイヤーが伝えるオシャレになる方法 KnowerMag」を開設。2014年よりメルマガ「最も早くオシャレになる方法 現役メンズバイヤーが伝える洋服の着こなし＆コーディネート診断」の配信を始め、2016年にまぐまぐメルマガ総合大賞1位を受賞。2015年に発売した書籍『最速でおしゃれに見せる方法』（扶桑社）はベストセラーとなる。またシリーズ累計70万部を超す漫画『服を着るならこんなふうに』（KADOKAWA）の企画協力も務める。著書はほかに『Men'sファッションバイヤーが教える「おしゃれの法則」』（宝島社）、『幸服論』（扶桑社）、『世界一簡単なスーツ選びの法則』（ポプラ新書）などがある。漫画『トラとハチドリ』（KADOKAWA）の監修も務める。

メンズファッションバイヤー
MBが教えるビジネスコーデベスト100

2019年3月26日　第1刷発行

著者　MB

発行者　長谷川 均
編集　村上峻亮
発行所　株式会社ポプラ社
〒102-8519　東京都千代田区麹町4-2-6
電話　03-5877-8109（営業）　03-5877-8112（編集）
一般書事業局ホームページ　www.webasta.jp

印刷・製本　共同印刷株式会社

N.D.C. 593/207P/21cm　ISBN978-4-591-16211-8

P8008231